ANALYSEN UND REFLEXIONEN
Band 73

Harro Gehse

Wolfgang Borchert

Draußen vor der Tür
Die Hundeblume
und andere Erzählungen

Interpretationen und Materialien

Joachim Beyer Verlag – 96140 Hollfeld/Ofr.

2. Auflage 1996

ISBN 3-88805-134-7
© 1993 by Joachim Beyer Verlag, 96142 Hollfeld
Alle Rechte vorbehalten!
Druck: Druckhaus Beyer GmbH, Langgasse 25, 96142 Hollfeld

Inhalt

Zeittafel

1921 Am 20. Mai in Hamburg geboren
Vater: Fritz Borchert, Lehrer
Mutter: Hertha geb. Salchow, Schriftstellerin.

1928 Aufnahme in die Volksschule.

1932 Oberrealschule.

1938 Erste Gedichte im "Hamburger Anzeiger"
veröffentlicht. Abgang von der Schule.

1939 Buchhändlerlehre, privater
Schauspielunterricht bei Helmuth Gmelin.

1940 Verhaftung wegen eines Gedichtes über die
Knabenliebe,
Schauspielprüfung, Abbruch der Lehre.

1941 März bis Juni: Schauspieler an der
"Landesbühne Osthannover" in Lüneburg.
Juli: Einberufung zur Wehrmacht, Ausbildung
als Panzergrenadier bei der 3. Panzer-Nach
richten-Ersatz-Abteilung 81 in Weimar.
November: Einsatz an der Ostfront im Raum
Kalinin (Twer, nördlich Moskau).

1942 Januar-Februar:
Gelbsuchtanfälle, Schußverwundung an der
linken Hand. Verlegung ins Heimatlazarett.
Mai: Verhaftung wegen des Verdachtes der
Selbstverstümmelung. Drei Monate Untersu-
chungshaft in Nürnberg (Einzelzelle).
Ankläger beantragt Todesstrafe, Freispruch.
In einem neuen Strafverfahren Verurteilung zu

vier Monaten Gefängnis wegen staatsfeindlicher Äußerungen. Auf Borcherts Antrag in sechs Wochen verschärfter Haft und Frontbewährung umgewandelt. Dezember: erneuter Einsatz an der Ostfront. Fußerfrierungen, Fleckfieber, neue Gelbsuchtanfälle.

1943   Januar - Februar: im Seuchenlazarett Smolensk. März: Verlegung in Heimatlazarett. September: nach Hamburg beurlaubt, Auftritt als Kabarettist im Hamburger "Bronzekeller". Gegen Jahresende soll Borchert als dienstuntauglich entlassen und an ein Fronttheater abgestellt werden. Am Tag vor der Entlassung wegen politischer Witze erneut denunziert.

1944   Neun Monate Untersuchungshaft; Verurteilung zu neun Monaten Gefängnis, darauf fünf Monate Untersuchungshaft angerechnet. Entlassung zur "Bewährung vor dem Feinde", einige Monate Aufenthalt in Jena.

1945   Flucht aus französischer Gefangenschaft. Nach 600 km Fußmarsch ist der schwerkranke Heimkehrer wieder in Hamburg. Im September tritt er im Kabarett "Janmaaten" auf, dann ist er Mitgründer des Theaters "Die Komödie". Im November Regieassistenz bei der Aufführung von Lessings "Nathan der Weise" im Hamburger Schauspielhaus. Im Winter zwingt ihn die Krankheit zum Liegen, von nun an ist er bis zu seinem Tode fast nur noch bettlägerig.

1946   Im Elisabeth-Krankenhaus schreibt Borchert am 24.1.1946 die " Hundeblume", und er schafft hier noch drei weitere Erzählungen.

hier noch drei weitere Erzählungen.

Zu Ostern kehrt er zu seinen Eltern zurück und schreibt bis zum Ende des Jahres 24 weitere Prosawerke. Im Spätherbst entsteht innerhalb weniger Tage das Stück "Draußen vor der Tür", und im Dezember erscheint die Gedichtsammlung "Laterne, Nacht und Sterne" (Gedichte von 1940 bis 1945).

1947   Am 13. Februar wird "Draußen vor der Tür" im NDR gesendet und löst eine große Resonanz aus. Im April erscheint die Erzählung "Die Hundeblume". Bis zum September entstehen 22 weitere Geschichten.

Am 22. September reist Borchert in die Schweiz, wo er die Heilung seiner Leiden erhofft.. Im Oktober schreibt er sein Antikriegsmanifest "Dann gibt es nur eins!". Am 20. November stirbt Borchert im Clara-Spital zu Basel.

Auflehnung und Protest
der jungen Schriftstellergeneration
nach dem Krieg

Borchert - Stimme seiner Generation

Wolfgang Borcherts Stimme war die erste aus der Kriegs-
und Nachkriegsgeneration, die nach der großen Katastrophe laut und deutlich vernehmbar auf sich und ihre seelische Not aufmerksam machte.
Heinrich Bölls erste gedruckte Erzählung, "Die Botschaft",
erschien im Spätherbst 1947, und sie wurde zunächst nur
einem kleinen Leserkreis bekannt, während "Draußen vor
der Tür" sogleich ein durchschlagender Erfolg beschieden
war.
Es war die Stimme einer Jugend, die sich von der Generation ihrer Väter mißbraucht und verraten fühlte, die in einen
mörderischen Krieg gepreßt worden war und nun mit ihren
leidvollen Erfahrungen ins Reine kommen mußte.

Die Schwierigkeiten des Neuanfangs

Als Anna Seghers aus der Emigration nach Deutschland
zurückkehrte und die Kriegszerstörungen zum ersten Mal
sah, fand sie die Städte zertrümmert, "und die Menschen
waren im Inneren genauso zertrümmert. Damals bot
Deutschland eine 'Einheit' von Ruinen, Verzweiflung und
Hunger. Aber es gab auch Menschen, die nicht vom Elend
betäubt waren und zum erstenmal die Fragen aussprar-
chen, die auch alle bedrückten: Was ist geschehen? Wo-
durch geschah es?- Daraus ergab sich die nächste Frage.
Was muß geschehen, damit das Grauen nie mehr
wiederkommt." (1)

Hans Werner Richter beschreibt die Situation des Jahres
1945 und die Schwierigkeiten, vor denen die deutschen

Schriftsteller standen, folgendermaßen: "Jede Anknüpfungsmöglichkeit nach hinten, jeder Versuch, dort wieder zu beginnen, wo 1933 eine ältere Generation ihre kontinuierliche Entwicklungsbahn verließ, wirkt wie eine Paradoxie [...] aus der Gewalt der Erlebnisse, die der jüngeren Generation zuteil wurden und die sie erschütterten, erscheint ihr heute die einzige Ausgangsmöglichkeit einer geistigen Wiedergeburt in dem absoluten und radikalen Beginn von vorn zu liegen." (2)

Wer sollte diesen radikalen Neubeginn in Szene setzen? Eben in der Zeit, als Borchert sich anschickte, "Draußen vor der Tür" zu Papier zu bringen, konstatierte Hans Werner Richter, daß die Falschen redeten und die Richtigen schwiegen: "Selten in der Geschichte eines Landes, das einen Krieg und mehr als einen Krieg verlor, hat sich eine derartige geistige Kluft zwischen zwei Generationen aufgetan wie heute in Deutschland. In Deutschland redet eine Generation, und in Deutschland schweigt eine Generation. Und während die eine sich immer mehr in das öffentliche Gespräch hineinflüchtet, während sie gleichsam in eine Wolke von bußfertigem Weihrauch gehüllt, in die beruhigenden Schatten der Vergangenheit flieht, versinkt die andere immer mehr für das öffentliche Leben in ein düsteres, nebelhaftes Schweigen." (3)

Wo sollte eine neue, jüngere Schriftstellergeneration anknüpfen?.
Die literarischen Traditionen waren fragwürdig geworden. Die bürgerliche Literatur vor 1933 und die Emigrationsliteratur waren mit völlig anderen Verhältnissen und Erfahrungen konfrontiert, und die Schubladen der "Inneren Emigration" waren leer. Was im Dritten Reich gedruckt worden war, war weitgehend diskreditiert. Thomas Mann brachte diesen Befund auf den radikalsten Nenner: "Es mag Aberglaube sein, aber in meinen Augen sind Bücher,

die von 1933 bis 1945 in Deutschland überhaupt gedruckt werden konnten, weniger als wertlos und nicht gut in die Hand zu nehmen. Ein Geruch von Blut und Schande haftet ihnen an; sie sollten alle eingestampft werden." (4)

Neben den materiellen und moralischen Verwüstungen, die das Dritte Reich hinterlassen hatte, war auch die Sprache schwer beschädigt. Die Schriftsteller waren genötigt, das vorgefundene Sprachmaterial auf seine Brauchbarkeit zu überprüfen und den Worten ihren eigentlichen Sinn zurückzugeben. Werner Weber schrieb in "Die Suche nach einer bewohnbaren Sprache": "Wiederherstellung der Sprache. Das setzt voraus, daß die Sprache zerstört worden ist. Für die Generation Heinrich Bölls trifft es zu. Sie hatte, als ihr Reden und Schreiben die Form der Verantwortung suchte, in der Sprachgegenwart nur die Sprachmuster der totalen Verantwortungslosigkeit zuhanden; einen Schutthaufen, in welchem für die wichtigsten wie für die unscheinbarsten Wörter der gehörige Ort im Sinngefüge kaum mehr auszumachen war, - nicht einmal mehr Lügen, die man allenfalls zu durchschauen und richtigzustellen vermöchte, sondern Chaos. Wer jetzt - im Krieg, nach dem Krieg - zu reden, zu schreiben anfing, der setzte mit Vorsicht an, mit Zweifel und mit kühler Nüchternheit. Sprache versuchen, das hieß, sich zur Vorsicht gegenüber den Worten zu erziehen; nicht gleich Sätze machen und Wohllaut erstreben; nicht gleich Reime erklingen lassen und Sprache auf Musik hinleiten. Jetzt war nötig, eins neben das andere zu stellen, sorgfältig zweiflerisch, Wort neben Wort, Addition, nicht Erguß. Unter solchen Bedingungen arbeitete, beispielsweise, Wolfgang Borchert. (5)

Borchert selbst forderte vom Schriftsteller Wahrhaftigkeit statt Wohlklang: "Sprachschönheit, gefällige Bilder und einschmeichelnder Stil sind nichts, Wahrhaftigkeit ist alles. Sie sucht sich ihren eigenen Stil, ihre eigene Sprache, vermeidet dabei die Worte der alten Harmonielehre, die gemessen an der historischen Wirklichkeit ihre Ohnmacht offenbart, die Dinge beim Namen zu nennen." (6)

Konsequentes Nein zum Krieg

Mißtrauen war angesagt, und Borchert sagte die Wahrheit, ungeschmückt und ohne Rücksicht. Er ahnte, "daß der Urstoff zum nächsten Krieg aus Betrieb, Gemüt, Vergeßlichkeit, Programmatik und Idylle zusammengesetzt sein könnte", und deshalb forderte er in seinem letzten Manifest

"Dann gibt es nur eins!":
Du. Dichter in deiner Stube: Wenn sie dir
morgen befehlen, du sollst keine
Liebeslieder,
du sollst Haßlieder singen, dann gibt es
nur eins:
Sag NEIN!

(7)
Borcherts Engagement ist ohne seine Erlebnisse im Krieg und im Kerker nicht vorstellbar. Sie wurden die zentralen Themen seiner kurz bemessenen Schaffenszeit nach dem Ende des sinnlosen Geschehens, und unaufhörlich kreiste sein Denken um das Leiden und Sterben ungezählter Menschen.

Nach dem Krieg erkannte er früh, wie Konservatismus und Restaurationsmentalität die Erinnerung an die Leiden und Opfer des Krieges verdrängten.

Borcherts Bruder im Geiste, Heinrich Böll, schrieb in seinem Aufsatz "Die Stimme Wolfgang Borcherts" über den jungen Dichter, der nicht gelassen sein konnte: "Zwei Jahre blieben ihm zum Schreiben, und er schrieb in diesen beiden

Jahren, wie jemand im Wettlauf mit dem Tode schreibt; Wolfgang Borchert hatte keine Zeit, und er wußte es. Er zählt zu den Opfern des Krieges, es war ihm über die Schwelle des Krieges hinaus nur eine kurze Frist gegeben, um den Überlebenden, die sich mit der Patina geschichtlicher Wohlgefälligkeit umkleideten, zu sagen, was die Toten des Krieges, zu denen er gehört, nicht mehr sagen konnte: daß ihre Trägheit, ihre Gelassenheit, ihre Weisheit, daß alle ihre glatten Worte die schlimmsten ihrer Lügen sind. Das törichte Pathos der Fahnen, das Geknalle der Salutschüsse und der fade Heroismus der Trauermärsche - das alles ist so gleichgültig für die Toten. Fahnen, Schüsse übers Grab, Musik -dies Pathos mag berechtigt sein für jene, die sich als einzelne freiwillig einer Freiheit opferten, für Aufrührer, denen die Geschichte so gern ihre Torheit bescheinigt. Uns sollten Fahnen, Schüsse und Musik nicht darüber hinwegtäuschen, daß unsere Brüder gestorben sind. Die Geschichte mag feststellen, daß bei X eine gewonnene, bei Y eine verlorene Schlacht geschlagen wurde, gewonnen für A oder verloren für B. Die Wahrheit des Dichters, Borcherts Wahrheit ist, daß beide Schlachten, die gewonnene und die verlorene, Gemetzel waren, daß für die Toten keine Blumen mehr blühen, kein Brot mehr für sie gebacken wird, der Wind nicht mehr für sie weht; daß ihre Kinder Waisen, ihre Frauen Witwen sind und Eltern um ihre Söhne trauern.

In der Memoirenliteratur begegnet uns so oft die humane Gelassenheit, das müde Achselzucken des Pilatus, der seine Hände in Unschuld wäscht.

Der Dialog Beckmanns mit dem anonymen Obersten in 'Draußen vor der Tür', wenige Seiten dieses kleinen Buches allein, dürfte mehr wiegen als jene humane Gelassenheit, als das müde Achselzucken des Pilatus, den man zum Schutzpatron der Memoirenschreiber ernennen sollte. In diesem Dialog wird Rechenschaft gefordert, Rechenschaft nur für elf, elf Väter, Söhne, Brüder, elf von vielen Millionen - aber Beckmann bekommt keine Antwort, die Last bleibt auf ihm, und er wird in die Geschichte verwiesen, in den kühlen Raum der Gelassenheit, wo die Blumen, die die Toten nicht mehr sehen, das Brot, das sie nicht mehr essen, keine Bedeutung haben. Stalingrad, Dien-Bien-Phu - ein Ortsname bleibt und ein wenig Pathos, an dem sich die Überlebenden betrinken wie an schlechtem Wein. (8)

In Borcherts nachgelassener Schrift "Das ist unser Manifest" finden sich folgende mahnenden Worte: "Mütter, dafür sind die Toten nicht tot: Für das marmorne Kriegerdenkmal, das der beste ortsansässige Steinmetz auf dem Marktplatz baut - von lebendigem Gras umgrünt, mit Bänken drin für Witwen und Prothesenträger. Nein, dafür nicht. Nein, dafür sind die Toten nicht tot: Daß die Überlebenden weiter in ihren guten Stuben leben und immer wieder neue und dieselben guten Stuben mit Rekrutenfotos und Hindenburgportraits. Nein, dafür nicht.
Und dafür, nein, dafür haben die Toten ihr Blut nicht in den Schnee laufen lassen, in den naßkalten Schnee ihr lebendiges mütterliches Blut: Daß dieselben Studienräte ihre Kinder nun benäseln, die schon die Väter so brav für den Krieg präparierten. (Zwischen Langemarck und Stalingrad lag nur eine Mathematikstunde.) Nein, Mütter, dafür starbt ihr nicht in jedem Krieg zehntausendmal! ... Sag die Wahrheit, sag sie so rot wie sie ist: voll Blut und Mündungsfeuer und Geschrei... Denn wir sind Neinsager. Aber wir sagen nicht nein aus Verzweiflung. Unser Nein ist Protest..." (9)

Die Bewältigung des Grauens und das Vergessen

Die Erinnerung, für die schwere Verwundung des Einbeinigen mitschuldig zu sein, treibt Beckmann in die Flucht, während der Verantwortliche für tausendfachen Tod, der Oberst, völlig unbelastet von Trauer und Reue ein gutbürgerliches Leben führt, als hätte es niemals einen

Krieg gegeben.

Die Szene mit dem Oberst ist eine der ersten Mahnungen der jungen Schriftsteller nach dem Krieg, nicht allzu schnell zur Tagesordnung überzugehen, "als sei nichts gewesen". Die innere Wandlung, die eine Wiederholung der Verbrechen ausschließt, war ganz einfach ausgeblieben. Alexander und Margarete Mitscherlich schrieben in "Die Unfähigkeit zu trauern": "Psychologisches Interesse für die Motive, die uns zu Anhängern eines Führers werden ließen, der uns zur größten materiellen und moralischen Katastrophe unserer Geschichte führte - was mit Vernunft betrachtet das brennendste aller Erkenntnisprobleme sein müßte - haben wir nur wenig entwickelt und uns auch nur wenig für die Neuordnung unserer Gesellschaft interessiert. Alle unsere Energie haben wir vielmehr mit einem Bewunderung und Neid erweckenden Unternehmungsgeist auf die Wiederherstellung des Zerstörten, auf Ausbau und Modernisierung unseres industriellen Potentials bis zur Kücheneinrichtung hin konzentriert. Die momentane Ausschließlichkeit ist nicht zu übersehen; sie hat allmählich das politische Leben unseres Landes immer mehr in administrativer Routine erstarren lassen.

Die so notwendige innere Wandlung wäre nur durch eine intensive Trauerarbeit, und nicht durch Verdrängung (Termini der Psychoanalyse) zu erreichen gewesen." Daß das deutsche Volk nicht nur den Verlust von Millionen Gefallenen, sondern auch einen moralischen Verlust durch die Installierung der Todesmaschinerie Auschwitz, Treblinka, Bergen-Belsen u.a. zu verarbeiten hatte und hat, wäre - das ergibt sich für die Psychoanalyse mit Notwendigkeit, die Trauerarbeit als einzige Möglichkeit einer Vergangenheitsbewältigung [...] Diese Pflicht zur Trauer, die eine ganze Gruppe zu leisten hat, muß im Individuum geleistet werden".(10)

Die Vergeblichkeit des Fragens nach der Verantwortung ist die Ursache für das Nichtfertigwerden mit dem

Geschehenen, welche die Generation der Söhne und Töchter in den sechziger Jahren zunächst in Zynismus, dann in nihilistische Ablehnung der konservativen gesellschaftlichen Strukturen und teilweise in sinnlose Gewaltanwendung trieb. Peter Rühmkorf verweist in diesem Zusammenhang auf die Passage, mit der die Szene mit dem Obersten endet: "das vergebliche Fragen nach dem Absoluten, nach der Verantwortung, der Schuld, nach dem Menschen, endet bezeichnenderweise im Grotesken. Das Pathos schlägt in den blechernen Witz um, Anklage verkehrt sich zu Zynismus: 'Es lebe das Gelächter über die Toten. Ich geh zum Zirkus, die Leute lachen sich kaputt, wenn es recht grausig hergeht, mit Blut und vielen Toten'." (11)

Quellen:

1) zitiert nach: Saalfeldt-Kreidt-Rothe, Geschichte der deutschen Literatur, Droemer Knaur 1989, S. 645).
2) Der Ruf, München, 1.9.1946.
3) ebenda, S. 653..
4) ebenda, S. 649.
5) In Sachen Böll, S. 72.
6) Bernd M. Kraske, "Draußen vor der Tür", in Rudolf Wolff (Hrsg.), Wolfgang Borchert, Wort und Wirkung, Sammlung Profile, Bd. 9, Bouvier Bonn 1984, S. 44.
7) Alfred Bourk, Generation ohne Abschied, in: Akzente, 2. Jahrg.
8) Heinrich Böll, Hierzulande, Sonderreihe dtv ,S. 136.
9) Wolfgang Borchert, Das Gesamtwerk, S. 308.
10) A. und M. Mitscherlich, Die Unfähigkeit zu trauern, In: Grundlagen kollektiven Verhaltens, München 1967, S. 19.
11) Peter Rühmkorf, Wolfgang Borchert, rowohlts monographien, S. 34

Borcherts Entwicklung vom epigonalen zum originellen Dichter

Seit seinem 15. Lebensjahr schrieb Borchert Gedichte, und seine Produktivität war immens. An manchen Tagen "schaffte" er 10 oder mehr Gedichte, und mit 17 Jahren schrieb er ein komplettes Theaterstück: "Yorrick". Sein Jugendfreund Bernhard Meyer-Marwitz berichtet:" Er liebte schon früh den Klang der Verse: Rilke war für den Achtzehnjährigen Vorbild und Maß. Hellas, Sappho, Nofretete berauschten ihn."

Viel später schrieb Borchert: "Ich gebe zu, daß ich Gedichte oder Prosa nie während des Schreibens erarbeite oder erkämpfe. Der Einfall kommt, wird hingeschrieben und nicht mehr verändert. Ich brauche zu einem Gedicht kaum mehr Zeit, als nötig ist, die gleiche Menge Wörter aus einem Buch abzuschreiben. Hinterher feilen oder verändern kann ich nicht-"

Borcherts erstes publiziertes Gedicht erschien 1938 im "Hamburger Anzeiger".

> Reiterlied:
> Ich bin ein Reiter,
> stürmend durch die Zeit !
> Durch die Wolken führt mein Ritt -
> Mein Pferd greift aus!
> Voran! Voran!
> ..."

Nicht nur in der Dichtkunst waren Rilke und Hölderlin für den jungen Borchert Vorbilder, er legte sich auch einen typischen Rilke-Vornamen zu: Wolff Maria Borchert.

Peter Rühmkorf schreibt über seine frühen Elaborate. "Es ist dem jungen Nachahmertalent unmöglich, sich von den Vorbildern freizumachen, und es gehen auch die Entlehnungen weit über den bloßen Anklang hinaus. Immer erliegt er der verführerischen Süße eines fremden Melos, immer läßt er sich in die vorgeführte Trägerschwingung hineingleiten, ohne daß sich auch nur Spuren von Eigenarten entwickeln. Das wäre nun weniger verwunderlich, wenn es sich hier um einen ganz jungen Menschen gehandelt hätte. Das Kuriosum aber ist gerade, daß ein Dichter, der allzu häufig als frühvollendet klassifiziert wurde, mit anderen Frühtalenten schlecht zu vergleichen ist, da er mit neunzehn Jahren noch keinen Hauch von Originalität erkennen ließ und bei aller epigonalen Aneignung nichts von spielerischer Könnerschaft oder artistischer Raffinesse." (1)

Rühmkorf vermutet, daß Borchert sich ab Sommer 1940 vom deutschen Expressionismus anregen ließ und macht als Anreger Benn und Trakl ausfindig. Der Redakteur am "Hamburger Anzeiger", Hugo Sieker, interessierte sich für das junge Talent und förderte es nach Kräften. Dort wo es ihm angebracht schien, übte er auch Kritik. (Siehe den Brief vom 23.4.1940, zitiert im Kapitel "Die Hundeblume"). Nachdem Borchert seinen ersten Gestellungsbefehl erhalten hatte, aber noch einmal zurückgestellt worden war, schrieb er in einem Geburtstagsbrief an Aline Bußmann: "Da sitzen wir in Neros Mantel und singen - während alles versinkt und untergeht". Ungeachtet seiner düsteren Stimmung legte er als Geburtstagsgeschenk ein Gedicht bei mit den hochgemuten Strophen:

Und meine Sehnsucht heiß umarmt die Welt,
als ich im Chor der Musen nun den Hain
der Götter stumm betrete und es fällt
des Genius Strahl auf mich mit hehrem Schein.

Das Fronterlebnis bei den schweren Winterkämpfen bei Toropez, erfrorene Füße und Fleckfieberverdacht wegen schwer diagnostizierbarer Fieberanfälle taten seinem Idealismus und seinen Zukunftshoffnungen als Künstler und Dichter keinen Abbruch.

Im "Requiem an einen Freund" ahmt er die subtile Manier von Rilkes "Weise von Liebe und Tod des Cornets Christoph Rilke" nach.

Den Hintergrund bilden die erwähnten Fronterlebnisse und der Tod eines befreundeten und gleichgesinnten Oberleutnants. Peter Rühmkorf schreibt über das Prosastück: " Es beginnt im Tone und in der Wiederholungstechnik des "Cornet"... 'reiten, reiten, reiten', so beginnt ja die als Antiquität bereits entworfene, die unsäglich preziöse 'Weise von Liebe und Tod', und das Derivat Borcherts liest sich geradezu als Entlarvung solchen unstimmigen Ästhetizismus: 'Wir marschieren. Wir marschieren bei Tag und wir marschieren bei Nacht. Wir schlafen bei Tag, wir schlafen bei Nacht ...'"(2)

Nach der Heimkehr aus dem Krieg distanzierte sich Borchert von der Masse seiner früheren Dichtungen. Zum Teil vernichtete er sie, oder er bezeichnete sie als "Unerlaubte, zum Teil mißglückte, wilde und nachgelassene Gedichte." (Gesamtwerk 337) Und in "Das ist unser Manifest" lästert er über "unser empfindliches deutsches Rilke-Herz, nennt sein einstiges Vorbild einen "fremden verlorenen Bruder". Hölderlin sieht er gar blutberauscht, kostümiert und Arm in Arm mit Baldur von Schirach, dem ehemaligen "Reichsjugendführer".

Peter Rühmkorf kommentiert Borcherts Absage an die früheren Vorbilder: "Borcherts spätere Dichtung ist Auseinandersetzung mit den eigenen Idolen auf zweierlei Art. Zum einen definiert sich die Distanz in der wörtlichen Absage an Hölderlin, an Rilke, zum anderen nutzt er bestimmte Stilprinzipien in verstellender und verfremdender Weise. Dazu ist zu bemerken, daß das Kriegsende für Borchert nicht nur den verlorenen Krieg und schon gar nicht den Zusammenbruch einer falschen Ideologie bedeutete, sondern die Abrechnung mit höchst achtbaren und - nur eben letztlich doch nicht haltbaren Vorlieben." (3)

In "Im Mai, im Mai schrie der Kuckuck", dem desillusionierten Aufschrei des bislang unermüdlich romantisierenden Ästheten Wolfgang Borchert, findet sich folgende Absage an das von den irdischen Realitäten abgehobene Dichtertum im Elfenbeinturm:

"Hingehen sollen die heroisch verstummten einsamen Dichter und lernen, wie man einen Schuh macht, einen Fisch fängt und ein Dach dichtet, denn ihr ganzes Getu ist Geschwätz, qualvoll, blutig, verzweifelt, ist Geschwätz vor den Mainächten, vor dem Kuckucksschrei, vor den wahren Vokabeln der Welt. Denn wer unter uns, wer dann, ach, wer weiß einen Reim auf das Röcheln einer zerschossenen Lunge, einen Reim auf einen Hinrichtungsschrei, wer kennt das Versmaß, das rhythmische, für eine Vergewaltigung, wer weiß ein Versmaß für das Gebell der Maschinengewehre, eine Vokabel für den frisch verstummten Schrei eines toten Pferdeauges, in dem sich kein Himmel mehr spiegelt und nicht mal die brennenden Dörfer, welche Druckerei hat ein Zeichen für das Rostrot der Güterwagen, dieses Weltbrandrot, dieses angetrocknete blutigverkrustete Rot auf weißer menschlicher Haut? Geht nach Haus, Dichter, geht in die Wälder, fangt Fische, schlagt Holz und tut eure heroische Tat: Verschweigt!. "

Am 24. Januar 1946 schrieb Wolfgang Borchert "Die Hundeblume".

Quellen:

1) Peter Rühmkorf, Wolfgang Borchert, rowohlts monographien, S. 34.
2) ebenda, S. 82.
3) ebenda.

Draußen vor der Tür

Entstehung und Aufnahme

Über die Entstehungszeit von "Draußen vor der Tür" existieren unterschiedliche Angaben. Im Gesamtwerk des Rowohlt Taschenbuch-Verlages ist zu lesen: "Borchert schrieb dieses Stück im Spätherbst 1946 in wenigen Tagen. Als Hörspiel wurde es am 13. Februar 1947 zum ersten Mal vom Nordwestdeutschen Rundfunk gebracht [...]". Demgegenüber gibt Rühmkorf an, das Stück habe Borchert im Januar 1947 geschrieben, "auf einen gewaltsamen Zug in der Zeit von acht Tagen." (1)

Ernst Schnabel, damals Chefdramaturg der Hörspielabteilung des Nordwestdeutschen Rundfunks, setzte sich mit Erfolg für die Annahme des Stückes ein.

Die Tatsache, daß die Sendung bereits am 13. Februar stattfand, spricht gegen Rühmkorfs Annahme, denn in einer solch kurzen Frist hätten die Annahme und Einstudierung des Werkes nicht erfolgen können, zumal auch die Zensurbehörde der britischen Militärregierung die Sendung zu genehmigen hatte, wozu erst eine Übersetzung anzufertigen und vorzulegen war.

Die Rolle des Beckmann übernahm der Schauspieler Hans Quest, dem Borchert das Stück später widmete. Der Autor konnte die Sendung nicht mithören, denn in seinem Viertel war zu dieser Stunde Stromsperre. Die Resonanz war unerwartet groß, so groß, daß die Sendung im September 1947 wiederholt wurde. Borchert erhielt eine Menge Zuschriften, und es sind etwa 150 Briefe erhalten geblieben. (2) In ihnen spiegelt sich die geistige Situation der unmittelbaren Nachkriegszeit wider. Borcherts bohrende Fragen riefen gleichermaßen begeisterte Zustimmung und haßerfüllte Ablehnung hervor. Dabei ging es den Schreibern weniger um ästhetische Probleme oder um die literatur-geschichtliche Einordnung des Werkes, sondern um ein leidenschaftliches Für oder Wider den Inhalt.

Ein Hörer fragte: "Müssen die unabsehbaren Heere der Toten immer und immer wieder beschworen werden ? [...] Wir sind umgeben von unseren eigenen schwersten Pro-blemen, unseren Toten, unseren Vermißten, Verkrüppelten, umgeben von Not, Verzweiflung und Verzicht. Wir kämpfen täglich einen harten Kampf in uns, um trotz allem das Lächeln nicht zu verlernen; wir kämpfen diesen Kampf unter den verpflichtenden Augen eben dieser unserer Toten, die nicht wollen, daß unsere jungen Jahre bitter und schwermütig werden. Man sollte uns aber diesen Kampf nicht erschweren, man sollte uns vielmehr helfen und uns in diesen Sendungen wirkliche Entspannung bringen." (3) Das Bedürfnis nach Verdrängung der Vergangenheit versuchte der Briefschreiber zu rechtfertigen, indem er sich auf den vorgeblichen Willen der Toten berief.

Immer wieder wurde Borchert in diesen Briefen als Ruhestörer und destruktives Element verketzert. So schreibt ein anderer Hörer: "Maßlose Verzerrung des Tatsächlichen, Übertreibung, Tendenz, Verlogenheit töten jedes Gefühl der Teilnahme. Sie erwarten eine 'erschüt-ternde Wirkung'! Hier fehlen die primitivsten Voraussetzun-gen ...
Wer trägt denn die Verantwortung an diesem Untergang unseres Volkes. Etwa die pelzverbrämten Obersten, die Weiber in der Heimat, oder die 'Illegalen', die durch den Dolchstoß in unseren Rücken den Arbeiter und Proletarier verarmen lassen, um ihn wieder hörig zu machen? Will Borchert mit diesem unseligen Stück noch mehr Haß, Verachtung und Klassenkampf-Ideen schüren. Nennen Sie das Kunst - ist das Zotige etwa die Sprache der heutigen Jugend - unsere Sprache?" (4)

Den Gipfel der Borniertheit erreichte ein Briefeschreiber, der gegen den Abdruck der Obersten-Szene in der "Hamburgischen Akademischen Rundschau" polemisierte: "[...] Zu dem Inhalt des Hörspiels habe ich allerdings nichts zu sagen, es gibt nicht nur eine Verteidigung, sondern auch ein Schweigen der Würde. Diesen Vorsatz wirft der Schreiber bereits im übernächsten Satz wieder über den Haufen: Borchert reiht sich würdig an seine Vorbilder an, welche unter Wucht unserer Niederlage die Wogen der Leidenschaft vornehmlich gegen den Prügelknaben, das Offizierskorps, anbranden lassen [...] Nehmen Sie deshalb zur Kenntnis, Herr Schneider, daß es hier nicht um Reaktion geht, sondern um den heiligen Zorn eines ehemaligen Frontkommandeurs, der sich dagegen auflehnt, daß wegen des Versagens Einzelner ein ganzer Stand diffamiert wird, der von jeher mehr Verantwortung zu tragen hatte - und sie zu tragen wußte - als all die Zeitgenossen, die es sich jetzt so leicht machen, zu urteilen. Ich habe nur die Hoffnung, daß diese Elemente, die durch die Zeitverhältnisse über Gebühr emporgewirbelt worden sind, auch wieder in der Versenkung verschwinden werden: Mit ihnen danken Sie aber bitte auch ab!" (5)

Dieser Brief war an den Herausgeber der Rundschau gerichtet, der als Mitglied der Widerstandsgruppe "Weiße Rose" im Zuchthaus und im Konzentrationslager saß, und der von den anrückenden Amerikanern vor dem Todesurteil durch den Volksgerichtshof gerettet worden war.

Auch aus christlichen Kreisen wurde Borchert wegen der Darstellung des "Lieben Gottes" lebhaft kritisiert. Ein Hörer schrieb, das Stück sei eine einzige Verhöhnung aller jener, die noch einen Glauben an ein höheres Wesen, an einen Gott, in sich tragen. (6)

Theaterkritiker nahmen ebenfalls Anstoß an den Gottesvorstellungen des Stückes. In einer Besprechung der Bühnenpremiere schrieb Josef Marein in "Die Zeit": "Aber es ist ein Unterschied, an einem Gott zu verzweifeln, der hart und grausam groß ist, härter, grausamer noch als der des Alten Testaments, oder an einem Gott, der zu einem jammernden Greis zusammenschrumpft. Wenn nicht theologisch oder philosophisch, so sollten sich die jungen Dramatiker dramaturgisch dahin beraten lassen, den Gott, an dem sie zweifeln, entweder ganz abzuschaffen oder ihn gewaltig im grausamen Geheimnisvollen bestehen zu lassen. Ein kleiner Gott - und das Stück ist in Gefahr, klein zu werden. Einen kleinen Gott dann noch sichtbar zu machen - um so schlimmer." (7)

Kraske schätzt, beinahe die Hälfte der Zuschriften an den NWDR seien begeisterte Zustimmungen gewesen (8), und es fehlte keineswegs an zustimmenden Äußerungen aus der Kriegsgeneration. Einer schrieb: "Wir, deine gleichaltrigen Kameraden, die jungen Unteroffiziere von Stalingrad und Demjansk, von Smolensk und Wjasma, die wir in atemloser Spannung am Lautsprecher gesessen haben, wir haben dich gehört und verstanden, und wir fühlten, daß sich etwas in uns, die man für verstockt und reaktionär hielt, gelöst hat. Einer aus unseren eigenen Reihen hat als erster den Mut gefunden zu sprechen. Der Ring des eisernen Schweigens, das wirksamste Mittel unserer Abwehr gegen eine uns fremd gewordene Heimat, ist an einer Stelle durchbrochen! Wir alle, die wir immer noch in umgefärbten Militärmänteln herumlaufen, Gasmaskenbrillen tragen, Trümmer räumen und tanzen gehen, an den Straßenecken diskutieren und Kippen rauchen, die wir tagtäglich morden und ermordet werden, an deren Betten nachts die toten Kameraden hocken und uns mit dem Blick ihrer erloschenen Augen quälen, die wir überall im Wege sind und beiseite stehen, wir haben wieder einmal unsere eigene Stimme gehört [...] Laß Dich auf Deinem einmal beschrittenen Wege nicht beirren, schreib für uns, für Deine Kameraden, schreibe für die Tausende von Beckmanns, für die Einsamen und Verlassenen, für die in keine Heimat Zurückgekehrten, für die Verzweifelnden und sich überflüssig Glaubenden, für alle, die draußen vor der Tür stehen." (9)

Die Theater-Uraufführung des Stückes fand am 21. November 1947 in den "Hamburger Kammerspielen" unter der Regie von Wolfgang Liebeneiner statt. Es wurde unmittelbar darauf von weiteren Bühnen übernommen und bald in mehrere Sprachen übersetzt.

Ida Ehre, sie initiierte die Uraufführung an ihrem Theater, den "Hamburger Kammerspielen", schreibt in ihrem Erinnerungsbuch "Gott hat einen größeren Kopf, mein Kind..." über die Vorgeschichte: "Ich glaube, die Uraufführung, die in den meisten Köpfen untrennbar mit den 'Hamburger Kammerspielen' verbunden ist, ist 'Draußen vor der Tür' von Wolfgang Borchert. Das ist meines Erachtens auch berechtigt, denn Borchert hätte dieses Stück niemals für die Bühne umgeschrieben, wenn ich ihn nicht so sehr überredet hätte.

Ich gehörte zum Verwaltungsrat des damaligen NWDR [...], und wir bekamen eines Tages ein Hörspiel auf den Tisch, das hieß 'Draußen vor der Tür'. Nach der Lektüre wußte ich, daß das ein ideales Stück für die Bühne wäre, ein Thema, das uns alle noch so hautnah anging. Aber der Autor, ein junger Mann namens Wolfgang Borchert, war schwer krank. In unzähligen Gesprächen konnten wir Borchert überzeugen, sich noch einmal dranzusetzen. Wir halfen ihm bei der szenischen Umsetzung und bauten ihn immer wieder auf. Während der Arbeit ging ich zu Ernst Rowohlt, den ich 'Tatarenfürst' nannte, und habe ihm davon erzählt. Ich bat ihn dringend, Wolfgang Borchert in die Schweiz zu schicken, vielleicht könne man ihm helfen. Er tat es übrigens auch - nach Fertigstellung des Stückes fuhr Borchert in die Schweiz, wo er dann auch gestorben ist. Zu der Zeit aber bearbeitete ich Rowohlt, er möge das Stück annehmen: 'Aber ich habe doch einen Buchverlag und keinen Theaterverlag.'

'Dann werden Sie eben einen Theaterverlag gründen. Das Stück muß angenommen werden, es muß in der ganzen Welt gespielt werden, nicht nur an meinem Theater. Es ist das Stück eines Menschen, der wirklich den Aufschrei der Jugend hat und keine Antwort erhält.'

[...] Nachdem ich Ernst Rowohlt so zugesetzt hatte, nahm er das Stück an. Das war der Grundstein für den großen Rowohlt-Theater-Verlag." (10)

Wolfgang Borchert erlebte die Uraufführung nicht mehr, er starb kurz vor der Premiere.

Ida Ehre bezeichnete "Draußen vor der Tür" als ein Stück, das kommen mußte, und das ihren Grundsätzen entsprochen habe: "Ich hatte das Gefühl, etwas tun zu müssen, was den Menschen die Schläfrigkeit aus den Augen nimmt, die Müdigkeit aus den Herzen treibt. Ich wollte sie zum Denken bringen, zur Überlegung: Wie war diese Zeit hinter uns, welche Verantwortung tragen wir dafür, was werden wir tun, um die Zukunft zu formen? Das waren meine Gedanken." (11)

Bemerkenswert an Ida Ehres Ausführungen ist, daß sie ausschließlich die politisch-moralischen Aspekte und die Bühnenwirksamkeit des Stückes erwähnt, jedoch nicht auf die künstlerisch-ästhetische Problematik eingeht. Borchert selbst war, was die künstlerische Qualität seines Stückes angeht, eher skeptisch, und am 27. Februar 1947 antwortete er einem Hamburger Oberbaurat auf dessen nicht unfreundlichen kritischen Zeilen: "Sie haben recht: Mein Stück ist noch nicht gut, wenn Sie das rein Formale damit meinen. Wenn Sie aber den Inhalt meinen, muß ich Ihnen widersprechen. Es lag mir nichts daran, ein gutes Stück zu schreiben. Es sollte nur wahr und lebendig sein und das aussagen, was einen jungen Menschen heute bewegt." (12) Und in einem Interview, das Borchert noch in Basel dem Vertreter einer Presseagentur gab, sagte er: "Daß eine Reihe von Bühnen mein Stück aufführt, ist reine Verlegenheit - was sollen sie sonst tun? (Außerdem will es kein Intendant mit Vater Rowohlt verderben - das ist alles.) Denn mein Stück ist nur Plakat, morgen sieht es keiner mehr an." (13)

Mit dieser Voraussage täuschte sich Borchert erheblich. "Draußen vor der Tür" ist eines der meistgespielten Gegenwartstücke auf den deutschen Bühnen, und es hat auch in den Jahrzehnten seit dem Tod seines Autors nichts an Beliebtheit eingebüßt. Gordon J.A.Burgess nennt hierzu folgende Zahlen: Das einbändige Gesamtwerk erreichte bis Dezember 1982 eine Auflage von 455.000, und zwischen 1976 und 1981 wurde das Stück mehr als eintausendmal aufgeführt. (14)

Quellen:

1) Rühmkorf, Peter, Wolfgang Borchert, Rowohlt Taschenbuch Verlag, Hamburg 1961, S. 133
2) Kraske, Bernd M. "Draußen vor der Tür", Anmerkungen zur Hörspiel-Rezeption, in Wolff, Rudolf (Hrsg.). Wolfgang Borchert - Werk und Wirkung. Bouvier, Bonn 1984, S. 47.
3) Brief einer Hörerin an den NWDR. Borchert-Archiv der Staats- und Universitätsbibliothek Hamburg - Carl von Ossietzky. Zitiert nach Quelle 2.
4) Brief eines Hörers an den NWDR. Zitiert nach Quelle 2, S.4
5) Brief an Karl L. Schneider, im Besitz von Frau Nina Schneider, ebenda, S. 50
6) ebenda, S. 52
7) ebenda, S. 52
8) ebenda, S. 54

9) Zitiert nach: Wolfgang Borchert, Draußen vor der
   Tür, Königs Erläuterungen Bd. 299/299a, Bange
   Hollfeld 1987, S. 18
10) Ehre, Ida. Gott hat einen größeren Kopf mein Kind...
   Rowohlt Taschenbuch Verlag, Hamburg´ 1988, S. 146
11) ebenda, S 149
12) Zitiert nach Schröder, Claus B., Draußen vor der Tür.
   Henschelverlag Berlin 1988, S. 302
13) Rühmkorf, Peter, Wolfgang Borchert, Rowohlt
   Taschenbuch Verlag, Hamburg 1961, S. 162
14) Burgess, Gordon J.A., Wirklichkeit, Allegorie und Traum.
   In "Draußen vor der Tür": Beckmanns Weg zur Menschlichkeit,
   In: Wolff (Hrsg.), sh. Quelle   2, S.56

Inhalt des Stückes

Den fünf Szenen des Stückes sind zwei Bilder vorangestellt: in dem makaberen "Vorspiel" handelt es sich um
das große Sterben, und" Der Traum" macht die Elbe, das
Wasser, dem alles Leben entstammt, zur Gegenspielerin
des Todes.

Das Vorspiel und Der Traum

Am Elbufer steht ein immerfort rülpsender Beerdigungsunternehmer, der mit der Not im Lande seinen großen
Schnitt macht und reich wurde. Das massenhafte Sterben
gehört zum Alltag: "Ein Mensch stirbt. Und? Nichts weiter.
Der Wind weht weiter [...]" Der Beerdigungsunternehmer
macht sich seine Gedanken, wer da wohl so nahe am
Wasser steht, und warum er sich ins Wasser stürzen wird.
Ein hilfloser alter Mann, der Gott, an den keiner mehr
glaubt, weint um seine Kinder: "Sie erschießen sich. Sie
hängen sich auf. Sie ersaufen sich. Sie morden sich, heute

hundert, morgen tausend, und ich, ich kann es nicht ändern."

Fast unversehens entkleidet Borchert die Figuren ihrer Maskerade. Der Beerdigungsunternehmer entpuppt sich als der Tod, der sich an seinen Opfern überfraß, und dessen Magen revoltiert. Der Alte ist Gott, über den die Allmacht des Todes triumphiert: "Geh nach Haus, Alter. Du änderst es doch nicht. Wein nicht über den, der hier plumps gemacht hat [...] Laß ihn, heul nicht, Alter. Du heulst dich zugrunde. Das war nur einer von denen, die nicht mehr können, einer von der großen grauen Zahl ... einer...nur..."

Die Elbe, ein altes Weib mit dem Jargon eines Hamburger Fischweibes, nimmt den im Wasser platschenden Selbstmordkandidaten Beckmann nicht an. Tot sein will er, sein ganzes Leben tot sein. "Und pennen. Endlich in Ruhe pennen [...] Das Bein, das Bett, das Brot - ich kann das nicht mehr, verstehst du!"

"Nein. Du Rotznase von einem Selbstmörder", keift die Alte zurück: "[...] Glaubst du etwa, weil deine Frau nicht mehr mit dir spielen will, weil du hinken mußt und weil dein Bauch knurrt, deswegen kannst du hier bei mir untern Rock kriechen? Einfach so ins Wasser jumpen? Du, wenn alle, die Hunger haben, sich ersaufen wollten, dann würde die gute alte Erde kahl wie die Glatze eines Möbelpackers werden, kahl und blank [...] Aber jetzt machst du keinen Unsinn, klar? Jetzt verschwindest du hier, mein Goldjunge [...]", und sie wirft ihn bei Blankenese wieder an Land.

1. Szene

Unversehens sieht sich Beckmann um die erträumte ewige Ruhe gebracht und in eine Wirklichkeit zurückgeworfen, die jeden Sinn für ihn verloren hat.

Zu dem Verzweifelten gesellt sich der Andere, sein alter ego, der immer da ist, der weint, wenn Beckmann lacht, der ihn antreibt, wenn er müde wird, "der Heimliche, Unbequeme [...], der Optimist, der an dem Bösen das Gute sieht und die Lampen in der finstersten Finsternis [...] Und der Ja sagt, wenn du Nein sagst, der Jasager bin ich."

Beide, Beckmann und der Andere, sind zwei Seiten einer Person. Beide stehen ständig im Widerstreit über den Sinn des Lebens und werden sich niemals einig.

Beckmann klagt, daß seine Frau längst mit einem anderen Mann zusammenlebte, als er nach drei Jahren Rußland heimkehrte: "Beckmann sagte sie, wie man zu einem Tisch Tisch sagt. Möbelstück Beckmann. Stell es weg. [...]"

Und irgendwo unter Hamburgs Trümmern liegt Beckmanns kleiner Junge, den er nie gesehen hatte. "Ein bißchen Mud und Mörtel und Matsch. Menschenmud, Knochenmörtel."

Ein Mädchen findet den naß und eiskalt am Ufer Liegenden - wegen seines steifen Beines kam er nicht mehr auf die Füße. "Wenn ich nicht vorbeigekommen wäre, wären Sie sicher bald ein Fisch geworden."

Voller Mitleid nimmt das Mädchen Beckmann mit nach Hause, und der Andere resümiert: "Weg sind sie. So sind sie, die Zweibeiner. Ganz sonderbare Leute sind das hier auf der Welt. Erst lassen sie sich ins Wasser fallen und sind ganz wild auf das Sterben versessen. Aber dann kommt zufällig so ein anderer Zweibeiner im Dunkeln vorbei, so einer mit Rock, mit einem Busen und langen Locken. Und dann ist das Leben plötzlich wieder ganz herrlich und süß. Dann will kein Mensch mehr sterben. [...] Die Wasserleichen werden wieder mobil - alles wegen so ein paar Augen, wegen so einem bißchen weichen warmen Mitleid und so kleinen Händen und wegen einem schlanken Hals."

2. Szene

Das Mädchen bringt Beckmann in ihre Wohnung. Mitleid und Hilfsbereitschaft, gepaart mit Sehnsucht nach einem Menschen, für den sie sorgen kann, vielleicht auch ein Verlangen nach Liebe und Zärtlichkeit, treiben sie an.

Unter der Lampe ihres Zimmers entdeckt das Mädchen Beckmanns Gasmaskenbrille. Sie muß lachen, und er erklärt, daß er auf das häßliche Monstrum angewiesen sei, von dem man so ein "graues Uniformgesicht, so ein blechernes Robotergesicht" bekommt, weil seine richtige Brille zerschossen wurde.

Als das Mädchen ihm die Gasmaskenbrille abnimmt, bekommt er zum ersten und letzten Mal ein menschliches Antlitz. Sie will ihn überreden, das Ding nicht mehr aufzusetzen, weil er damit wie ein Gespenst aussehe, und er antwortet: "Vielleicht bin ich auch ein Gespenst. Eins von gestern, das heute keiner mehr sehen will. Ein Gespenst aus dem Krieg, für den Frieden provisorisch repariert."

Das Mädchen bringt Beckmann eine Hose und eine Jacke, beides für den abgemagerten Heimkehrer viel zu groß. Er fragt, welchem Riesen sie die Sachen gestohlen habe, und sie antwortet: "Der Riese ist mein Mann. War mein Mann."

Beckmann erfährt, daß dieser Mann in Stalingrad vermißt sei, und nun hält er es in dem Zeug nicht mehr aus: "Ich komme um in dieser Jacke. Ein grauenhafter, gemeiner Witz, den der Krieg gemacht hat."

Hinter dem Mädchen taucht ein Mann auf, ein Riese mit einem Bein und zwei Krücken. Sie schreit auf und stürzt davon; der Einbeinige fordert eine Erklärung, was Beckmann hier, bei seiner Frau und in seinen Kleidern, treibe. Beckmann begreift, daß er dabei war, einem Mitmenschen etwas anzutun, was ihm vorher selbst zugefügt wurde. Und daß dieser sein Bein verloren hatte, weil ihm der Unteroffizier Beckmann einst befahl, seinen Posten bis zuletzt zu halten.

Als der Einbeinige dem Eindringling immer wieder "Beckmann, Beckmann, Beckmann" ins Gesicht murmelt, schreit dieser: "Ich will nicht mehr Beckmann sein" und flieht.

Dem Verzweifelten, der nun wieder allein und hilflos auf der Straße steht, rät der Andere, einen Mann aufzusuchen und ihm die Verantwortung zurückzugeben. Beckmann stimmt zu, dem Oberst, "dem lieben guten braven Mann, der sein ganzes Leben nur seine Pflicht getan", und der nun in dieser Stadt in einem warmen Haus wohnt, aufzusuchen und ihm die Toten zurückzubringen.

3. Szene

Beckmann dringt in das Haus des Obersten ein, der mit seiner Familie am reich gedeckten Abendbrottisch sitzt und nicht gestört sein möchte. Offensichtlich ist es ihm gelungen, seinen Wohlstand über das Kriegsende zu retten, und er will nicht an die Niederlage und seine Verantwortung erinnert werden. Beckmann hat nichts zu essen und kein Zuhause, während es dem Oberst an nichts fehlt. Dieser kehrt den Vorgesetzten heraus und fordert Beckmann auf, Haltung zu bewahren und sein Äußeres in Ordnung zu bringen. Ob er etwas ausgefressen habe, irgendwo eingestiegen und geschnappt worden sei. Beckmann kontert: "Jawohl, Herr Oberst. Bin irgendwo mit eingestiegen. In Stalingrad, Herr Oberst. Aber die Tour ging schief, und sie haben uns gegriffen. Drei Jahre haben wir gekriegt, alle hunderttausend Mann. Und unser Häuptling zog sich Zivil an und aß Kaviar. Drei Jahre Kaviar. Und die anderen lagen unterm Schnee und hatten Steppensand im Mund."
Der Oberst ermahnt Beckmann, bei unserer guten deutschen Wahrheit zu bleiben: "Wer die Wahrheit hochhält, der marschiert immer noch am besten, sagt Clausewitz."
Beckmann antwortet mit dem ironischen Vorschlag, sie beide könnten sich ja neu einkleiden, gemeinsam einen Grog trinken, das feine Parfüm ihrer Gattin riechen und sich auf das saubere Bett freuen, dann könnten sie die gute deutsche Wahrheit gemeinsam hochhalten.
Das bißchen Krieg habe wohl Beckmann den Verstand verwirrt, meint der Oberst. Warum er nicht Offizier geworden sei, dann hätte er zu ganz anderen Kreisen Eingang gehabt und eine anständige Frau bekommen.

Ein bißchen leise, ein bißchen weich und ein bißchen müde fordert Beckmann ein Nachtquartier. Und er erklärt, warum er ständig müde ist: Jede Nacht träumt er, daß jemand grauenhaft schreit. "[...] wissen Sie, wer das ist, der da schreit? Ich selbst, Herr Oberst, ich selbst. Und dann kann ich nicht wieder einschlafen.[...] Deswegen bin ich so müde, Herr Oberst, so furchtbar müde."

Dem nun plötzlich interessiert zuhörenden Oberst erzählt er den ganzen Traum: Ein Mann spielt in rasendem Rhythmus auf einem Riesenxylophon. Er schwitzt, denn er ist sehr fett. Doch er sondert nicht Schweiß ab, sondern dampfendes, dunkles Blut, das in zwei roten Streifen an seiner Hose hinabrinnt. Von weitem sieht er aus wie ein General, der beide Arme verloren hat und mit den Prothesen, die Handgranaten zu sein scheinen, auf dem Xylophon herumschlägt. Die Hölzer des Xylophons sind nicht aus Holz, sondern Knochen, und die ganz hohen Töne werden von Fingerknöcheln, Zehen und Zähnen erzeugt. Der General trommelt mit seinen Prothesen Militärmärsche, meistens die "Alten Kameraden". Dann stehen die alten Kameraden aus den Massengräbern auf, mit verrotteten Verbänden und blutigen Uniformen, schwarzgefroren, grün und verwest. Und dann sagt der General: "Unteroffizier Beckmann, Sie übernehmen die Verantwortung. Lassen Sie abzählen." Aber die grinsenden Skelette zählen nicht, sie meutern. Und sie brüllen im Chor: "Unteroffizier Beckmann." Das Brüllen wächst, bis es Beckmann fast erwürgt. Dann schreit er los in der Nacht, und davon wird er immer wach. Er kann nicht mehr einschlafen, weil er die Verantwortung hatte.- Nun ist er zu dem Oberst gekommen, um endlich wieder schlafen zu können. Er gibt ihm die Verantwortung zurück. Da der Oberst nicht begreifen will, erinnert ihn Beckmann an einen Befehl, der elf Soldaten das Leben kostete. Der ehemalige Vorgesetzte antwortet, "ohne Erregung", wie die Regieanweisung fordert, das sei nicht so gemeint gewesen. Beckmann erinnert an die trauernden Frauen, Kinder und Eltern und fragt den Oberst, ob er nachts noch ruhig schlafen könne. Dem bleibt zunächst die Luft weg, dann gibt er sich wieder jovial. Das sei zwar alles ein bißchen destruktiv, aber von abgründigem Humor. Aus voller Kehle lachend rät er Beckmann, mit seiner "blödsinnigen Brille" und "seiner ulkigen versauten Frisur" eine komische Nummer auf der Bühne abzuziehen. Und er bietet ihm an, sich mit einem seiner alten Anzüge und warmem Wasser wieder menschlich zu machen. Aus seiner Apathie aufwachend, schreit Beckmann: "Ich soll erstmal wieder ein Mensch werden? Ja, was seid Ihr denn? Menschen? Menschen?" Im Schreck über Beckmanns Wutanfall wirft die Frau des Obersten die Stehlampe um. Als das Licht wieder brennt, ist der Heimkehrer verschwunden, mit ihm die Flasche Rum und ein halbes Brot.

Zurück auf der Straße, betrinkt sich Beckmann und sieht die Welt bald wieder in rosigerem Licht. Nun will er nicht mehr trauern, sondern zum Zirkus. "Wer Schnaps hat, ist gerettet! Prost! Es lebe der blutige Oberst [...] Es lebe der Zirkus! Der ganze große Zirkus!"

4. Szene

Beckmann, noch leicht angetrunken, bewirbt sich bei einem Kabarettdirektor als Komiker. Er muß sich zunächst anhören, was die Kunst brauche: Eine mutige, tüchtige Jugend, sie soll revolutionär sein wie Schiller oder Grabbe, genial, unromantisch, wirklichkeitsnah und handfest, sie soll den dunklen Seiten des Lebens gefaßt, unsentimental, objektiv und überlegen ins Auge sehen. Vor allem soll sie die Welt sehen und lieben, wie sie ist: sie soll die "Wahrheit hochhalten": Das brauche weder vollendet noch abgeklärt zu sein. Was fehle, seien die Avantgardisten, die das "graue lebendige leidvolle Gesicht unserer Zeit präsentieren!" Beckmann versteht oder mißversteht die großspurigen Phrasen des Direktors auf seine Weise: "Ja, ja: Immer wieder präsentieren. Gesichter, Gewehre, Gespenster. Irgendwas wird immer präsentiert."

Bei dem Stichwort Gesicht fällt dem Direktor Beckmanns Gasmaskenbrille ein: "Man bekommt ja einen Schluckauf, wenn man Sie ansieht." Er selbst habe sich mit drei Brillen eingedeckt, aber entbehren kann er keine einzige. Beckmann antwortet, daß er mit seiner Brille, seiner Frisur und seinem Mantel auf der Bühne auftreten möchte. "Das ist doch alles ungeheuer lustig, was?"

Der Direktor fürchtet, daß den Leuten vor diesem "Gespenst aus der Unterwelt" das naßkalte Grauen den Nakken hochkriechen und das Lachen in der Kehle stecken bleiben wird. Genialer, heiterer und, vor allem, positiv müsse man den Leuten kommen. "Denken Sie an Goethe! Denken Sie an Mozart! Die Jungfrau von Orleans, Richard Wagner, Schmeling, Shirley Temple!"

Diese hanebüchene Aufzählung, die höchst ungleiche Namen unterschiedslos nebeneinander stellt, verschlägt Beckmann die Sprache. Bescheiden nennt er seinen Namen und gibt zu, ein Anfänger zu sein. Der Direktor "schwenkt nun völlig um" (so die Regieanweisung) und betont seine Verantwortung als Unternehmer. Einen Anfänger zu bringen, könne den Ruin bedeuten: "Das Publikum will Namen!" Von oben herab gibt er Beckmann den Rat, erst einmal ins Leben hinein zu riechen. Und wenn er auf dem Schlachtfeld des Lebens gereift sei und sich einen Namen gemacht habe, könne er wiederkommen. Schließlich resigniert er vor Beckmanns Beharrlichkeit und läßt sich etwas vorspielen, mahnt aber zur Eile, denn Zeit sei teuer.

Beckmann singt nun leise und monoton seine Parodie auf den Gassenhauer von der tapferen kleinen Soldatenfrau, in dem er sein eigenes bitteres Los beklagt.

Gönnerhaft beurteilt der Direktor Beckmanns Darbietung als nicht so übel und für einen Anfänger sehr brav. Aber es fehle der Esprit, das Timbre und die diskrete pikante Erotik.

"Es ist noch zu sehr Plakat, zu deutlich, zu laut. Zu direkt [...] Denken Sie an unseren Altmeister Goethe. Goethe zog mit seinem Herzog ins Feld und schrieb am Lagerfeuer eine Operette. Das ist Genie! Das ist der große Abstand!" Beckmanns Vortrag fehle Eleganz und Erfahrung, alles sei zu grau und zu nackt. Damit mache man das Publikum böse, denn es verlange nicht Schwarzbrot, sondern Biskuit. Es sei, wie gesagt, ganz brav, aber keine Kunst. Beckmann pocht darauf, daß sein Vortrag die Wahrheit widerspiegele, und der Direktor antwortet mit dem seine banausenhafte Kunstauffassung enthüllenden Satz: "Ja, Wahrheit! Mit der Wahrheit hat die Kunst doch nichts zu tun."

Beckmann sieht verbittert ein, daß er gescheitert ist, und begibt sich wieder auf den Weg zur Elbe. Der Andere will ihn aufhalten, auf die Straße zurückrufen, doch Beckmann will nicht mehr: "Die Straße stinkt nach Blut. Hier haben sie die Wahrheit massakriert."

Der Andere drängt ihn, nach Hause zu gehen, sein Vater und seine Mutter warteten auf ihn. Und Beckmann antwortet: "Mein Gott! Nach Hause! Ja, ich will nach Hause. Ich will zu meiner Mutter! Ich will endlich zu meiner Mutter!!! Zu meiner -"

5. Szene

Beckmann steht vor dem Haus seiner Eltern und stellt erleichtert fest, daß es den Krieg überlebt hat. Alles ist noch wie früher, und Erinnerungen an die Eltern werden wach. Nur das Messingschild, auf dem der Name Beckmann stand, ist nicht mehr da. Er klingelt, und eine Frau Kramer fragt ihn "mit einer gleichgültigen, grauenhaften, glatten Freundlichkeit, die furchtbarer ist als alle Roheit und Brutalität", wer er sei.

Der Heimkehrer antwortet, er heiße Beckmann, er sei hier geboren, und dies sei die Wohnung seiner Familie. Die

Kramer antwortet in ihrem erbarmungslosen Schnodderton, dies sei ihre Wohnung, und die alten Beckmanns wohnten jetzt in Ohlsdorf - der Gräberkolonie. Sie hält dem fassungslosen Beckmann vor, sein Vater habe sich im Dritten Reich zu sehr verausgabt: "Was braucht so ein alter Mann noch Uniform zu tragen." Und bei jeder Gelegenheit habe er die Juden verflucht. Als der Krieg vorbei war, habe man ihn hochgehen lassen. Er verlor seine Stellung, ohne Pensionsanspruch, und aus der Wohnung sollte er auch 'raus. Daraufhin hätten sie sich selbst entnazifiziert, das heißt das Leben genommen. "So was Dummes, sagte mein Alter, von dem Gas hätten wir einen ganzen Monat kochen können."

Drohend fordert Beckmann die Kramer auf, sofort die Tür zu schließen. Und fassungslos stöhnt er: "Ich halte es nicht aus! Ich halte es nicht aus! Ich halte es nicht aus!"

Seine letzte Hoffnung ist zusammengebrochen, die Rückkehr in die triviale Alltagswelt seines bürgerlichen Elternhauses, in die Geborgenheit seiner Kindheit. Heftig beklagt er die Herzlosigkeit der Zeit: "Zwei Tote. Wer redet heute von zwei Toten!... Schade um das Gas ... Das Herz hat sich heiser geschrieen, und keiner hat es gehört ... Gestern waren es vielleicht zweitausend, vorgestern vielleicht siebzigtausend. Morgen werden es viertausend oder sechs Millionen sein ... Hier unten kein Menschenohr ... Da oben kein Gottesohr. Gott schläft und wir leben weiter."

Der Andere (der Jasager) will Beckmanns Klagen entkräften, ihm klarmachen, daß die Welt nicht untergegangen ist und ihn ins Leben zurückrufen: "Sei still, Beckmann ... Hör doch nicht hin du." Der Heimkehrer sieht keinen Sinn mehr im Weiterleben, er hat Hunger und Durst, er friert - und er sehnt sich nach seiner Mutter. Er ist furchtbar müde. Nein, dieses Leben ist weniger als Nichts. Ich mach nicht mehr mit."

Schließlich schläft er ein und träumt einen wunderschönen Traum, er träumt zu sterben, im Himmel zu sein und vor

Gott zu stehen. Beckmann fragt ihn im Traum, wer ihn einen lieben Gott genannt habe. Und auf die Antwort, die Menschen seien es gewesen, antwortet er: "...das müssen ganz seltsame Menschen gewesen sein, die dich so nennen. Das sind wohl die Zufriedenen, die Satten, die Glücklichen, und die, die Angst vor dir haben. Die im Sonnenlicht gehen, verliebt oder satt oder zufrieden - oder die es nachts mit der Angst kriegen, sie sagen: Lieber Gott! Lieber Gott! Aber ich sage nicht Lieber Gott, ich kenne keinen, der ein lieber Gott ist, du!...Warst du lieb, als du meinen Jungen, der gerade ein Jahr alt war, ... zerreißen ließt?" Und auf den Einwand, er habe ihn nicht ermorden lassen, antwortet der Träumende: "Nein, richtig, du hast es nur zugelassen." Darauf klagt der Gott, keiner glaube mehr an ihn, und keiner kümmere sich mehr um ihn, und Beckmann erwidert, daß anstelle des Märchenbuchliebergottes ein neuer Gott gebraucht werde. Er sei nur ein weinerlicher Theologe, den man weder liebe noch fürchte. Er möge schlafen gehen, und der "Liebe Gott" geht, vor sich hinjammernd: "Meine armen, armen ..."

Während der Andere erneut versucht, Beckmann ins Leben zurückzulocken (Das Leben hat tausend Türen), begegnet ihnen ein Straßenfeger mit roten Streifen an den Hosen, der sich als Angestellter des Beerdigunginstitutes "Abfall und Verwesung" vorstellt und von Beckmann als der Tod identifiziert wird, und den er anfleht, ihn mitzunehmen oder wenigsten ihm die Tür offen zu lassen.

Der Andere gibt seine Versuche nicht auf, Beckmann das Weiterleben schmackhaft zu machen: "... du träumst einen bösen Traum. Wach auf, lebe! ... alles lebt ...Links, rechts, vor dir: die andern." Beckmann läßt sich nicht umstimmen: "Die andern? Wer ist das? Der Oberst? Der Direktor? Frau Kramer? Leben mit ihnen? ... Die andern sind weit weg, und ich will sie nie wiedersehen. Die andern sind Mörder."

So ziehen an Beckmann die Gestalten vorbei, denen er seit der Heimkehr in seine Vaterstadt begegnet ist. Zunächst der Oberst, der Beckmann nicht wiedererkennen will, und dem erst seine Opfer vorgehalten werden müssen. Doch der bleibt unerschüttert: "... Sehen Sie, diese unteren Dienstgrade sind durch die Bank doch alle verdächtig. Torfköppe, Räsoneure, Pazifisten, Wasserleichenaspiranten. Sie haben sich ersoffen? Ja, war'n einer von denen, die ein bißchen verwildert sind im Krieg,'n bißchen entmenschlicht, ohne jegliche soldatische Tugend. Unschöner Anblick, so was."

Auf Beckmanns Anklage: "Sie sind der Mörder, Herr Oberst ... Sie haben mich in den Tod geschickt", entgegnet er zynisch: "Na, ja. War'n einer von denen, die sowieso vor die Hunde gegangen wären."

Unbeirrt will der Andere ihm einreden, daß die Menschen gut seien, und Beckmann wird nachgiebig; er wolle nicht ungerecht sein. Die Menschen seien zwar gut, aber so unbegreiflich verschieden. Der eine sei Oberst, satt, gesund, habe ein Bett und eine Frau, während der andere hungern und humpeln müsse und nicht einmal im Bett schlafen dürfe.

Als nächster begegnet Beckmann und dem Anderen der Direktor vom Kabarett. Nur mühsam erkennt er Beckmann, und auf den Vorwurf, den Heimkehrer in die Elbe getrieben zu haben, antwortet er: "Müssen ja ein sensibler Knabe gewesen sein ... Unangebracht heute, durchaus fehl am Platz. Sie waren ganz wild auf die Wahrheit versessen, Sie kleiner Fanatiker! Hätten mir das ganze Publikum kopfscheu gemacht mit Ihrem Gesang ...Sie waren eben einer von denen, von den Millionen, die nun mal humpelnd durchs Leben müssen und froh sind, wenn sie fallen. In die Elbe, in die Spree, in die Themse - wohin, ist egal... Sie waren prädestiniert für tragische Rollen. Aber der Stoff ist toll. Ballade eines Anfängers: Die Wasserleiche mit der Gasmaskenbrille! Schade, daß das Publikum so was nicht sehen will."

Mit einem Gemisch von Verzweiflung und Verachtung

erinnert sich Beckmann an die "gleichgültigen entsetzlichen Visagen" der Menschenmarionetten, die so dumm und feige sind und eine ganze Jugend verraten haben, die immer begeistert waren vom Krieg: "und keiner hat uns gesagt, wo wir hingingen. Keiner hat uns gesagt, ihr geht in die Hölle... Sie haben Marschmusik gemacht und Langemarckfeiern ...Und dann war der Krieg endlich da. Und dann haben sie uns hingeschickt. Und sie haben uns nichts gesagt. Nur - Macht's gut, Jungens!" Und die sie verraten haben, die Studienräte, Direktoren, Gerichtsräte und Oberärzte, sitzen nun hinter fest verschlossenen Türen. "Und wir stehen draußen ... Und jetzt gehen sie an ihrem Mord vorbei, einfach vorbei."

Der Andere bleibt dabei: Beckmann übertreibe. Die Menschen seien gut, und sie hätten ein Herz. Doch auch Frau Kramer, die ihnen über den Weg läuft, hat nur zynische Antworten parat. Es gäbe eben immer Figuren, die stets Pech hätten. Aber wo käme man hin, wenn man sie alle beweinen wollte. Daran dürfe man sich nicht kratzen, sonst würde einem noch das bißchen Margarine schlecht, das man auf dem Brot hat.

Nun begegnet ihnen Beckmanns Frau, begleitet von ihrem Freund. Doch sie hört seine Selbstanklagen und seine Vorwürfe nicht mehr, wortlos zieht sie an ihnen vorüber, und Beckmann meint, sie habe ihn vergessen.

Endlich kommt ihm das Mädchen entgegen, das ihn aus der Elbe gezogen hat. Sie sagt, sie habe ihn auf der ganzen Welt gesucht, weil sie ihn liebe. Sie fordert ihn auf, mit ihr lebendig zu sein, und er entschließt sich, mit ihr zu gehen. "Du bist die Lampe, die für mich brennt ... Und wir wollen ganz dicht nebeneinander gehen auf der dunklen Straße." In diesem Augenblick ertönt das harte Teck-Tock der Krücke des Einbeinigen. Und nun erfährt Beckmann, daß er selbst zum Mörder wurde. Als der einbeinige Riese seinen Platz besetzt fand, ging er in die Elbe. "Daß du das so schnell vergessen konntest, Beckmann. Einen Mord vergißt man doch nicht so schnell ... Ich hätte nicht nach Hause kommen dürfen. Zu Hause war kein Platz mehr für mich ... Ich klage dich nicht an, Beckmann, wir morden ja alle, jeden Tag, jede Nacht. Aber wir wollen doch unsere Opfer nicht so schnell vergessen ..."

Beckmann wacht auf, und erschrocken stellt er fest, daß er, der Gemordete, einen Mord begangen hat, der ihn nie mehr ruhig schlafen lassen wird. Er hält es nicht mehr aus, gemordet zu werden und Mörder zu sein. Und er fragt den Jasager, wozu er leben solle, ob er kein Recht auf seinen Tod und auf seinen Selbstmord habe. Doch der Jasager antwortet nicht, er ist nicht mehr da.

Auch der alte Mann, der sich Gott nennt, redet nicht. Nur der Ruf des Verzweifelten ist zu hören:

"Warum redet er denn nicht!
Gebt doch Antwort!
Warum schweigt ihr denn? Warum?
Gibt denn keiner Antwort?
Gibt keiner Antwort???
Gibt denn keiner, keiner Antwort???"

Wort- und Sacherläuterungen

Die Seitenangaben entsprechen der Taschenbuchausgabe "Wolfgang Borchert. Gesamtwerk" des Rowohlt-Verlages Hamburg.

Der Traum

S. 106   Ophelia
Figur aus Shakespeares "Hamlet". Geht aus Schmerz über den Wahnsinn des Prinzen und den von ihm irrtümlich getöteten Vater ins Wasser.

1. Szene

S.108 Smolensk und Gorodok
Hier fand die Kesselschlacht von Smolensk-Witebsk im August 1941 statt. Starke sowjetische Verluste - einer der großen Anfangserfolge der Wehrmacht im Rußlandkrieg.
S. 108 Stalingrad
Hier opferte Hitler die 6. Armee, um den Zusammenbruch der Ostfront hinauszuschieben. Deutsche Verluste: ca. 300 000 Soldaten. Anfang von Hitlers Ende.

3. Szene

S. 120 Clausewitz
Karl von C., 1780 -1831, preußischer General und überragender Militärtheoretiker.

4. Szene

S. 131 Avantgardisten
Militärisch: die Vorhut, in der Kunst: Wegbereiter für neue Kunst- und Stilrichtungen.
S. 132 Shirley Temple
Amerikanischer Kinderstar der dreißiger Jahre.

S. 135 Goethe zog mit seinem Herzog ...
Goethe begleitete den Herzog Karl August von Sachsen-Weimar auf dem Feldzug der Fürstenkoalition gegen das revolutionäre Frankreich und erlebte die Kanonade von Valmy (1792).

5. Szene

S. 145 Dostojewski
Fedor Michailowitsch D., 1821 - 1881, Begründer der russischen Romantragödie.

S. 145 Gorki
Maxim G., 1868 - 1936, russischer Dichter, Begründer des "Sozialistischen Realismus".

S. 158 Langemarck
Hier fanden im Oktober/November bei militärisch sinnlosen Angriffen auf gut befestigte feindliche Stellungen etwa hunderttausend deutsche Kriegsfreiwillige den Tod.

Interpretation

Der Hauptgedanke

Der vorläufige Titel von Borcherts Heimkehrerdrama, "Ein Mann kommt nach Deutschland", deutet den Inhalt des Stückes, das "Drama einer verdorbenen Heimkehr" an. (1) Der letztendlich gewählte Titel "Draußen vor der Tür" ist eine einleuchtende Konsequenz aus der konzentrierten leitmotivischen Verwendung des Symbols "Tür" in der Schlußszene (Siehe Abschnitt "Symbole") und spiegelt Beckmanns Hoffnungslosigkeit und Ausgeschlossensein aus dem bürgerlichen Leben wider.

"Draußen vor der Tür ist ein sogenanntes Zeit- und Gegenwartsstück, und es handelt von den Problemen und Einordnungsschwierigkeiten eines Heimkehrers aus dem Jahre 1947 - aber seine Tendenz ist gerade: Heraus aus der Zeit, heraus aus der Gegenwart." (2)

Der Heimkehrer, ein Mann ohne Persönlichkeit und Identität, ein "Jedermann", der Name spielt fast keine Rolle, fragt sich durch fünf deprimierende Stückszenen, ohne daß ihm eine Antwort zuteil wird.
Seine Fragen kreisen um das Problem der Schuld und Verantwortung für das grauenhafte Geschehen, um Leben und Tod, um das Gute und Böse im Menschen. Ihn bedrückt die Erkenntnis, nicht nur Opfer, sondern auch Täter, nicht nur Gemordeter, sondern auch Mörder zu sein. Der Versuch, seinen Teil der Verantwortung dem ehema-

ligen Vorgesetzten aufzubürden, mißlingt, ebenso wie der Versuch, eine Heimstatt zu finden.

Beckmann verlor Sohn und Heim im Bombenkrieg, seine Frau warf sich einem anderen Mann an den Hals, und seine Eltern begingen Selbstmord. Der Heimkehrer verzweifelt angesichts der Ausweglosigkeit seiner Situation und der Vergeblichkeit seiner Fragen. Es bestehen Parallelen zwischen Beckmanns Lage und der "Grenzsituation" in der Philosophie des Existentialismus, die das Krisenerlebnis des Individuums verabsolutiert und jede religiöse Bindung verneint. Diese Denkrichtung spielte in den Nachkriegsjahren die Rolle einer Modephilosophie, von der Beckmanns Stück nicht unbeeinflußt blieb, obwohl nach Köpkes Meinung eine genauere Kenntnis der existentialistischen Philosophie nicht anzunehmen war. (3)

Der Plan des Stückes

Schauplatz des Stückes ist das Hamburg des Herbstes 1946.

Den fünf Szenen vorangestellt sind neben dem Personenverzeichnis ein einleitender Text sowie das "Vorspiel" und die Kurzszene "Der Traum".

In der 1. Szene erfahren wir, daß Beckmann, am Elbufer bei Blankenese liegend, im Schlaf jemand gehört hat, der sich ins Wasser warf. Die Elbe, eine geträumte Figur, rügt Beckmanns Selbstmitleid und bringt ihn zu neuem Lebenswillen.

In der 2. Szene nimmt das Mädchen Beckmann mit in ihr Zimmer. Die sich anbahnende Liebesbeziehung wird gestört durch die Heimkehr ihres Mannes, des "Einbeinigen". Durch ihn werden Erinnerungen und Schuldgefühle wachgerufen, vor denen Beckmann entsetzt flieht.

In der 3. Szene sucht Beckmann den Obersten auf, um ihm seine Verantwortung für elf tote Soldaten zurückzugeben. Er erzählt seinen Traum von Riesenxylophon.

In der 4. Szene bewirbt sich Beckmann beim Kabarettdirektor als "komische Nummer". Er singt das Lied von der "Tapferen kleinen Soldatenfrau". Der Direktor weist ihn zurück, weil sein Vortrag ohne Eleganz und Erfahrung sei, und man mit der Wahrheit nur das Publikum vergraule.

In der 5. Szene sucht Beckmann seine Eltern auf, doch sie sind längst tot. Von der Wohnung haben andere Besitz genommen, und die neue Mieterin, Frau Kramer, klärt ihn in zynischer Weise über den Tod seiner Eltern auf.
Der Andere versucht den verzweifelten Beckmann zum Weiterleben zu ermuntern, doch der Übermüdete schläft ein. Im Traum defilieren nochmals alle Stückfiguren an ihm vorbei, am Schluß der Einbeinige, der ihn erneut an seine Schuld erinnert. Zuletzt ist er völlig allein, nicht einmal sein alter ego, der Jasager, der ihm den Tod nicht gönnte, ist bei ihm. Er ist verdammt, mit seiner Schuld weiterzuleben, unerlöst und ohne Hoffnung.
Am Ende bleibt alles offen, der Konflikt findet keine Lösung.

Das ganze Stück muß, wie Borchert am 23.3.1947 Bernhard Jolles schrieb, ohne Pause durchgespielt werden.

Die Traumszenen

Ständig wechseln im Ablauf der Szenen die Realitätsebenen. Man weiß oft nicht auf den ersten Blick, ob das Dargestellte Phantasie, Traum oder Wirklichkeit ist.
Beckmann träumt in zwei Szenen: in der vorangestellten Szene "Der Traum" und in der 5. Szene. Außerdem berichtet er in der 3. Szene seinen Traum vom General, der das Riesenxylophon spielt. Die Traumszenen reflektieren die

Bedrückungen, unter deren Last der Heimkehrer Beckmann leidet: Die schwere Verantwortung, die die Lebenden für die Toten tragen, und die Erkenntnis, daß wir alle Mörder sind. Im Traum meint Beckmann Antwort auf die Fragen zu finden, die der Wachende vergeblich stellt. Und als er am Ende der letzten Szene erwacht, fragt er zum soundsovielten Male und erhält wiederum keine Antwort.

So bleibt dem Zuschauer nur das Resümee, daß er letztendlich die Antworten, die das Leben stellt, selbst finden muß.

Im ersten Traum wird der schlafende Beckmann durch das Geräusch eines ins Wasser plumpsenden Mannes aus dem Schlaf geweckt. Beckmann meint, er habe geträumt, die Elbe hätte ihn wieder ausgespuckt. Die Elbe veranlaßt ihn, seine Situation zu überdenken und neu zu bewerten, sie tadelt seine Lethargie und seine Larmoyanz: "Auch wenn du sechs Jahre Soldat warst. Alle waren das. Und sie hinken alle irgendwo..."

Der Traum vom General verdeutlicht die weiterwirkende Realität der unglückseligen Vergangenheit: In einem grausigen Totentanz stehen die Toten auf aus den Massengräbern. Sie brüllen:" Beckmann, Unteroffizier Beckmann", bis das Brüllen so groß wird, daß er keine Luft mehr kriegt. "Und dann schreie ich, dann schreie ich los in der Nacht." So träumt Beckmann Nacht für Nacht, er kann nicht mehr schlafen, und weil die Last der Verantwortung ihn erdrückt, kam er zum Oberst, um ihm die Verantwortung zurückzugeben, die dieser ihm an der Ostfront mit der Erteilung eines Befehls übertragen hatte, der elf Soldaten das Leben kostete. Und nun fragen jede Nacht in Beckmanns Traum die Frauen, Mütter und Kinder der Toten, wo die Männer geblieben sind. Diese Szene erinnert an Bölls erste gedruckte Erzählung "Die Botschaft", die etwa zur Zeit der Theaterpremiere von Borcherts Stück erschien. Die Botschaft dieser Erzählung lautet, daß der Krieg erst dann wirklich vorbei sei, wenn die letzte Wunde verheilt ist, die er geschlagen hat.

Der zweite beckmannsche Traum nimmt etwa zwei Drittel der 5. Szene ein. Der Andere versucht dem verzweifelten Beckmann Mut zu machen.

Dieser meint, das Leben nicht mehr ertragen zu können, doch der Jasager beschwört ihn: "... Deine Straße ist hier oben. Komm, bleib oben, Beckmann, deine Straße ist noch lang.

Zwischen dem Anderen und Beckmann entwickelt sich ein Gespräch über Leben und Tod. Der Andere will den Lebensmüden aufmuntern:

"Werd nicht müde, Beckmann. Komm. Lebe!", und Beckmann antwortet: "Dieses Leben? Nein, dieses Leben ist weniger als Nichts. Ich mach nicht mehr mit, du..."

Der übermüdete Beckmann schläft ein, und er träumt, zu sterben.

Er findet es sogar schön : "Vielleicht ist er ganz nett, der Tod, vielleicht viel netter als das Leben." Und nun kommt der alte Mann dazu, der aussieht wie der liebe Gott. Beckmann sagt ihm ins Gesicht, das müßten die Zufriedenen, Satten, Glücklichen und Ängstlichen sein, die ihn so nennen, und ob er lieb gewesen sei, als er seinen Jungen hat umbringen lassen. Der liebe Gott entschuldigt sich, er habe den Jungen nicht töten lassen, er habe seinen Tod nur zugelassen. Beckmann fertigt ihn mit den Worten ab: "...Wir fürchten dich nicht mehr. Wir lieben nicht mehr. Und du bist unmodern. Die Theologen haben dich alt werden lassen ... und deine Stimme ist leise geworden - zu leise für den Donner unserer Zeit. Wir können dich nicht mehr hören."

Beckmann träumt, daß der Beerdigungsunternehmer, der Oberst, der Kabarettdirektor, Frau Kramer, seine Frau und das Mädchen an ihm vorbeidefilieren. Die ersten Figuren bestätigen seine Auffassung, daß die Menschen schlecht seien. Das Mädchen fordert ihn auf, ihr zu folgen, und ihre Versicherung, daß sie ihn liebe und ihn gesucht habe, läßt ihn weich werden. Doch das Teck-Tock des Einbeinigen beendet diese optimistisch stimmende Traumphase.

Wieder wird er an das Böse erinnert, das in jedem Menschen steckt. "Doch, Beckmann. Wir werden jeden Tag ermordet, und jeden Tag begehen wir einen Mord. Wir gehen jeden Tag an einem Mord vorbei. [...] Na, ich habe mich dann verzogen. In die Elbe [...] und du hast mich ermordet und hast den Mord schon vergessen [...] Morde darf man nicht vergessen, das tun die Schlechten [...]"

Am Ende hält es der "Mörder Beckmann" nicht mehr aus, "gemordet zu werden und Mörder zu sein".

Die allegorischen Gestalten

Im Grunde genommen stellt "Draußen vor der Tür" nicht ein Stück aus der Wirklichkeit dar, sondern es ist eine Allegorie der Wirklichkeit, und seine Figuren mit ihren typbezogenen Namen sind allegorische Figuren: personifizierte Gedanken und Lebenshaltungen.

Beckmann repräsentiert die Generation der Heimkehrer und der durch Krieg und Vertreibung heimatlos Gewordenen. Peter Rühmkorf definiert Beckmann als "gesichtslose Verallgemeinerung eines Massenschicksals, als Sondergänger und Ausnahme, die zuerst als Verkörperung eines Millionentypus, als Teilhaber an der kollektiven Misere erscheine, um am Ende doch Sympathien zu erwecken wie der Märchen-Königssohn in der Froschgestalt [...] Er ist der "umherwandelnde Geschlagene ... der Tiefbetroffene, der nicht vergessen kann und seine Skrupel durch eine Welt von flacher Gleichgültigkeit trägt; der seine Stigmen zeigt, wo man sie nicht sehen will; der vorgibt, eine feste Stätte zu suchen, aber nicht daran denkt, sich einzufügen. Als lahmender Krüppel wird er zum Sinnbild des herumvagabundierenden schlechten Gewissens, der Klage, aber auch der Anklage einer bürgerlichen Welt, die ihre Ordnung bereits wieder gefunden hat: im verschnittenen Mittelmaß und in der feigen Absicherung." (4)

Die Typenbezeichnung "Hinkemann des Zweiten Weltkrieges", sie stammt von Peter Rühmkorf (5), bezieht sich auf Ernst Tollers Stück "Der deutsche Hinkemann" (1923), die Tragödie eines Heimkehrers, von Gestalt ein Riese, der im Krieg ein Bein und seine Manneskraft verlor.

Bei alledem bleibt die Frage offen, ob Beckmann typisch für die Mehrheit seiner Schicksalsgenossen ist. Der "normale" Heimkehrer schlüpfte eilends in die eingemotteten "Zivilklamotten" oder färbte das feldgraue Tuch um. Mit den verschlissenen Uniformen legte er seine schlimmen Erinnerungen erst einmal beiseite und kümmerte sich um das "Naheliegende", um Beruf und Studium, um Haus und Familie, oder holte schleunigst nach, was in den gestohlenen Jugendjahren an Vergnügungen versäumt worden war.

Der Beerdigungsunternehmer ist eine allegorische Darstellung des Todes, der Oberst verkörpert allegorisch den Militarismus, der Kabarettdirektor das Kulturbanausentum und der Einbeinige ist der personifizierte Vorwurf.

Die Elbe
Die Figur der Elbe vertritt im Stück das Prinzip der Mütterlichkeit. Eine alte Frau, die das Leben kennt, die stinkt wie ein anständiger Fluß stinken muß, weil ihr zeitlebens übel mitgespielt wurde, besonders übel jedoch in jüngst vergangenen Zeiten, wäscht dem Lebensmüden seines Selbstmitleides wegen den Kopf und fordert ihn auf: "Lebe erst mal."

Der Andere

Die Elbe tritt nur im "Vorspiel" auf und wird in der 1. Szene vom "Anderen" abgelöst. Dieser tritt in allen fünf Szenen auf.

Der Andere verkörpert das mangelnde Problembewußtsein der meisten Durchschnittsmenschen, er ist der Optimist aus Prinzip, und er verkörpert dabei zugleich eine Haltung, die "jeder teilen kann".

(6)

"Der Andere bleibt eine der rätselhaftesten Figuren im deutschen Drama der Moderne. Er ist - wie der Einbeinige - ebenfalls eine allegorische Figur. Aber indem der Einbeinige eindeutig die Mitgift der Vergangenheit und dessen noch präsenten Schrecken vor der Verantwortung verkörpert, ist der Andere eine weitaus komplexere Figur. Zunächst einmal: Er ist nicht (oder nicht nur) Beckmanns alter ego, eine andere (unbewußte?) Seite des beckmannschen Ichs. Zwar bilden Beckmann und der andere zwei Extreme von "Neinsager" und "Jasager "; aber der Andere weiß noch nicht einmal, wie Beckmann heißt oder warum er sich hier befindet: 'Wer bist du denn, du Neinsager? .... Und warum liegst du hier nun im Sand?' fragt er ihn bei ihrer ersten Begegnung."(7)

Symbole

Die Gasmaskenbrille

Die Hauptfigur geistert als "Mann ohne Gesicht" über die Schauplätze des Stücks. Die entstellende Gasmaskenbrille, ein Ausbund an Häßlichkeit und eine "Maske" par excellence, verleiht ihrem Träger einen Anschein von Hilflosigkeit und Hilfsbedürftigkeit. "Die Gasmaskenbrille wurde bei der Wehrmacht 1934 als Brille unter der Gasmaske für augenbehinderte Soldaten eingeführt", erläutert der sachkundige Oberst seiner Familie. Und Beckmann selbst versucht der Brille einiges an Komik abzugewinnen, indem

48

er auf die spöttische Bemerkung des Mädchens eingeht: "Sie haben recht, vielleicht sieht sie ein bißchen komisch aus ... Man kriegt so ein graues Uniformgesicht davon. So ein blechernes Robotergesicht. So ein Gasmaskengesicht..."

Die Krücken
Die Krücken des Einbeinigen mit ihrem monotonen Pochen "Teck-tock" (Das Mädchen: "Der Totenwurm klopft") symbolisieren die Schrecken und die Wunden, die der Krieg hinterließ, und die niemals heilen werden, solange ihre Träger leben. Das enervierende Pochen geht dem Hörer "durch und durch", und man kann ihm nicht entweichen. Das eindringliche Pochen hat etwas Drohendes, und sein gleichmäßiger Takt erinnert an das ständige Mahnen der Uhr, Symbol der Vergänglichkeit und des Todes.

Die Tür
Zusammen mit den (nicht deckungsgleichen) Synonymen "Tor" und "Pforte" ist die "Tür" ein weit verbreitetes Symbol. Aus den Zustandsbestimmungen "offen" und "geschlossen" resultiert seine Ambivalenz: Es ist zugleich ein Sinnbild der Hoffnung und der Hoffnungslosigkeit, ein bildhafter Ausdruck der Geborgenheit und der menschlichen Wärme, beziehungsweise des Verlassenseins und der Kälte.
Das Motiv "Tür" wird am Ende der 2. Szene eingeführt, indem der apathisch gewordene Beckmann feststellt: "Gestern abend stand ich draußen. Heute stehe ich draußen. Immer stehe ich draußen. Und die Türen sind zu." Ansonsten kommt die Tür in den ersten Szenen nur als Regieanweisung vor, in der 2. und am Beginn der 3. Szene: "Eine Tür kreischt und schlägt zu".
Am Ende der 4. Szene bricht in Beckmann die Sehnsucht nach seinem Zuhause durch, denn "Die Straße stinkt nach Blut, weil man die Wahrheit massakriert hat, und alle Türen sind zu."

Überglücklich stellt Beckmann am Beginn der 5. Szene fest, daß sein Elternhaus noch steht , und daß es eine Tür hat. "Und die Tür ist für mich da." Dahinter vermutet er das verlorene Paradies, die Stätte seiner Kindheit und die Nestwärme, die seine Mutter verbreitet. Immer wieder stammelt er: "Das ist unsere Tür."

Nach der Aufklärung über das schrecklichen Schicksal seiner Eltern fordert er, empört über Frau Kramers herzlosen Zynismus: "Machen Sie ganz schnell Ihre Tür zu ...", und die Tür schlägt kreischend zu. In dem Dramenentwurf, den Beckmann dem Anderen vorträgt, steht im 5. Akt der Satz, der Borcherts Stück den Namen gab: "Draußen vor der Tür". Fast zwanghaft ist in Beckmanns Monologen nun immer wieder die Rede von der Tür, hinter denen diejenigen sitzen, die seine Generation in den Krieg schickten, und von der Tür, auf die er in tausend sibirischen Nächten gehofft hatte. Nur einmal hat er noch die Zuversicht, daß sich ihm eine Tür öffnet: die Tür, hinter welcher der Tod und die ewige Ruhe auf ihn warten.

Am Ende der 5. Szene wacht Beckmann auf und zieht Bilanz: "Ein Mann kommt nach Deutschland! Er kommt nach Hause, und da ist sein Bett besetzt. Eine Tür schlägt zu, und er steht draußen." Sich Rechenschaft über seine Situation ablegend, geht er Posten für Posten durch und resumiert immer wieder in stereotyper Wiederholung: "... und die Tür schlägt zu, und er steht draußen."

Zur sprachlichen Gestaltung

Wulf Köpke stellt in seiner Untersuchung "In Sachen Wolfgang Borchert" fest, die Literaturkritik und die Literaturwissenschaft hätten sich gründlich gerächt, indem sie Borchert mit der Gloriole des "Frühvollendeten" umgaben, um festzustellen, literarisch seien seine Werke eben unvollendet. (8) Tatsächlich hatte er die Zeit nicht mehr, um seine literarischen Ideen und Arbeiten ausreifen zu lassen, und alles, was er nach dem Krieg schuf, brachte er "mit fliegender Hast" zu Papier. Daß er nicht unkritisch gegenüber seinen Hervorbringungen war, beweist sein Ausspruch, sein Bühnenstück sei "nur Plakat, morgen sieht es keiner mehr an". Außerdem kam es ihm nach seinen eigenen Worten nicht auf Sprachschönheit und einschmeichelnden Stil, sondern auf die Wahrheit an.

"'Draußen vor der Tür', das sofort in aller Munde war, wurde zunächst heftig diskutiert; als eine scheinbare Normalität wieder hergestellt war, distanzierter betrachtet und literarisch als mehr oder weniger minderwertig gerügt, am vehementesten von Hans Egon Holthusen, der es als ´sauren Kitsch´ charakterisierte, als ´ ... ein schwaches oder doch unreifes Stück Nachkriegsliteratur´" (9). Heute räumt man dem Stück wieder einen höheren Rang ein, wenn auch oft nur als interessante Stufe in Borcherts Entwicklung. Am ehesten wird Wulf Köpke mit seiner Einlassung dem jungen Autor gerecht: "Vielleicht hat die Literaturgeschichte zu viel davon gesprochen, was Borchert hätte leisten können, und zu wenig von dem, was er wirklich geleistet hat." (10)

Peter Rühmkorf merkt zu Borcherts Stil an, daß sich" sein Werk streckenweise als ein Attentat auf die Kunst überhaupt" ausnehme, als "das Attentat eines Harlekins". (11) - Und das, obwohl der Vater beim Übertragen der Manuskripte die kühnsten Wortexperimente seines Sohnes, oft nach langem Streit, ausmerzte!

Rühmkorf listet folgende Attentatswerkzeuge auf: Überstilisierung und sprachliche Extremsituation, überdrehte, allzulaute Neologismen (Wortneubildungen), übertriebene Wortzusammensetzungen (Märchenliebergott). "Diese Sprache hat es eilig. Sie erspart sich syntaktische Komplikationen und kunstvoll umwendige Perioden, aber man könnte auch von einem Ausverkauf sprachlicher Raritäten sprechen. Substantivierte Verben am laufenden Band: 'Geglüh, Geschwimme, Gezause, Gestaune'; dann wieder zu Beiwörtern umgeprägte Substantive: 'jazzmusiken, krähengesichtig, bärenstimmig, karusellig'. Stilistische Seltenheiten wie Verdoppelungseffekte (aus enorm ferner Ferne, der lacht so fürchterfürchterlich) stehen neben Zwillingsverben (Die Straßenbahn heulkreischt), eine Fülle von Synästhesien (naßgrüne Gräber, blauweich, violett-stinkender Kanal, eisigrosig) neben onamopoetischen Keckheiten (ein Schiff uuht). (12) (Die von Rühmkorf aufgeführten Beispiele sind dem Gesamtwerk entnommen und betreffen nicht nur sein Bühnenstück)

Köpke führt die sprachlichen Ungereimtheiten Borcherts auf dessen Betroffenheit zurück: "Aus der Bewegung entwickeln sich also die Texte, und diese Bewegung stammt aus der Betroffenheit. Das Herz geht in Synkopen. Der Rhythmus liegt den Geschichten Borcherts zugrunde, seine Kapriolen, seine Zusammenbildungen, seine Attribute, seine geglückten und nicht geglückten Metaphern, seine überraschenden Formulierungen und seine Trivialitäten kommen aus diesem Rhythmus. (13)

"Borcherts Sprache ist derjenigen des Expressionismus verwandt. Die Großstadtlyrik Georg Heyms wäre etwa zu nennen, aber auch Stadlers Aufbruch-Dichtung und ihre ´Zurücknahme der Dichtersprache in die Bewegtheit des modernen Lebens´ stehen dem Werk Borcherts nahe. Was er mit den Expressionisten gemeinsam hat, ist die Sehnsucht nach Befreiung aus den Fesseln und der Umklammerung einer überkommen Kunst, ihrer abgestandenen Formen und schal gewordenen Inhalte; was ihn von diesen trennt, ist deren Glaube an die Möglichkeit eines Neubeginns. An die Stelle von Euphorie und Aufbruchsstimmung treten bei Borchert Zukunftszweifel und Skepsis." (14)

Metaphern

Borcherts Bilder und Vergleiche wirken oft drastisch, grotesk, unangemessen und überzogen, die metaphorischen Elemente sind zuweilen überspitzt, extrem weit hergeholt oder geraten durch ihren Mangel an gedanklichen Gemeinsamkeiten in Schieflage.

Im Vorwort wird Beckmanns abgerissene, schäbige Gestalt vorgestellt: "Äußerlich ist er ein naher Verwandter jener Gebilde, die auf den Feldern stehen, um die Vögel (und abends auch manchmal die Menschen) zu erschrecken." Diese Metapher wird von Borchert sogleich überstrapaziert, indem er sie auf die seelische Befindlichkeit des Heimkehrers ausdehnt: "Innerlich auch".

Im Vorspiel vergleicht er die Kriegstoten mit Fliegen, die "an den Wänden dieses Jahrhunderts kleben" und "steif und vertrocknet auf der Fensterbank der Zeit" liegen.

Im "Traum" findet sich folgende Schreckensvision: falls alle Hungernden sich ersäufen sollten, würde die Erde "kahl wie die Glatze eines Möbelpackers",

Der Andere findet, daß die "Zweibeiner" sofort wieder vom Sterbebett aufstehen und gesund werden "wie zehntausend Hirsche im Februar", sobald sie im Dunkeln einem anderen Zweibeiner mit Rock, Busen und langem Haar begegnen sollten. ("zehntausend": Zahlenhyperbel, zahlenmäßige Übertreibung in satirischer Absicht).

Als Beckmann am Nullpunkt angelangt war, bevor er den Oberst aufsuchte, "bellte sein Bauch vor Hunger". In der 5. Szene klagt er: "Mein Gähnen ist so groß wie die weite Welt" (bildliche Hyperbeln).

Das Geräusch eines Straßenfegerbesens "Kchch -Kchch - Kchch" wird mit dem Geräusch "rasselnder Sterbelungen", und das "Teck-Tock" des Einbeinigen dem Klopfen des Totenwurms gleichgestellt.

Epithetahäufung

Zur Steigerung der emotionalen Wirkung nutzte Borchert das Ausdrucksmittel der Epithetahäufung: " ... aus den Wäldern kommen sie, aus Ruinen und Mooren, schwarzgefroren, grün, verwest. Aus der Steppe stehen sie auf, einäugig, zahnlos, einarmig, beinlos, mit zerfetzten Därmen, ohne Schädeldecken, ohne Hände, durchlöchert, stinkend, blind." Im weiteren Verlauf des Monologs setzt Borchert noch ein Mittel obendrauf, die Alliteration: " ... und wälzt sich breit, breiig, bresthaft und blutig über die Welt." In seinem letzten Monolog klagt Beckmann über die Teilnahmslosigkeit der Menschen: "Und die Menschen gehen an dem Tod vorbei, achtlos, resigniert, blasiert, angeekelt, und gleichgültig, gleichgültig, so gleichgültig!" An dieser Stelle setzt Borchert auch die rhetorische Stilfigur der Epipher, die dasselbe Wort oder dieselbe Wortgruppe am Ende eines oder mehrerer aufeinanderfolgender, parallel gebauter Sätze oder Satzglieder wiederholt, ein. Das Gegenteil, die Anapher, hier stehen die Wortwiederholungen jeweils am Anfang, ist: "Eine furchtbare Flut kommen sie angeschwemmt, unübersehbar an Zahl, unübersehbar an Qual! Das furchtbare unübersehbare Meer der Toten ..."

Dem Leser des Stückes erschließt sich nur unvollkommen die unerhört suggestive Wirkung des gesprochenen Textes; sie allein erklärt den einzigartigen Erfolg, den "Draußen vor der Tür" ungebrochen seit Jahrzehnten beim Theaterpublikum erzielt. Erst das gesprochene Wort ermöglicht das Miterleben der dargestellten Handlung und die Identifikation mit dem Helden.
Borcherts Freund Bernhard Meyer-Marwitz schildert aus

eigenem Erleben, wie bewußt Borchert seine sprachlichen Mittel formte, und wie treffsicher er die Wirkungsbedingungen seiner Texte einschätzte:" Seine Arbeiten waren fast immer wie aus einem Guß. Er änderte, nachdem sein Vater die Handschriften mit der Schreibmaschine abgeschrieben hatte, kaum etwas - bestimmt und ausgeprägt war sein Stilwille. Doch bei aller Entschlossenheit und Sicherheit brauchte er gelegentlich eine Bestätigung. Vor allem aus seinem engsten Kreise. Viele seiner Erzählungen las er seinen Eltern und Freunden vor, auch dabei rücksichtslos gegen sich selbst; denn sein geschwächter Organismus vertrug kein lang andauerndes Sprechen. Aber auch noch aus einem anderen Grunde mochten ihm diese Lesungen notwendig erscheinen: Ihm genügte nicht allein das geschriebene Wort, ihn verlangte nach der Magie des Klanges.

Schon bei diesen ersten Begegnungen mit Borcherts Prosa wurde offenbar, daß sie, mit ihrer flutenden Dynamik und ungewöhnlichen Lebendigkeit, sich geradezu anbietet, gesprochen zu werden. Die für Borchert charakteristischen Wiederholungen, Worthäufungen und Satzvariationen, die manchem Leser zuweilen Schwierigkeiten bereiten oder ihm übertrieben, maniert erscheinen mögen, enthüllen ihre letzten eigenwilligen Feinheiten als Ausdruck einer sehr rhythmischen Musikalität erst dann, wenn sie wieder Ton werden, also zur ursprünglichen Bestimmung der Sprache zurückkehren. Ein unbewußter, aber logischer Kontrapunkt steckt in diesen Worthäufungen und Wiederholungen. Man täte Borchert unrecht, wollte man sie als effekthascherische Manier bezeichnen. Borchert schrieb Klänge, Klangreihen, Klangkaskaden, gebrochene Akkorde, schrille Dissonanzen, die als Ganzes eine harmonische und geschlossene Form bilden." (15)

Quellen:

1) Peter Rühmkorf, Wolfgang Borchert, rowohlts monographien, S.134.
2) ebenda, S. 146.
3) Wulf Köpke, In Sachen Wolfgang Borchert, Sammlung Profile, Band 9, Hrsg. R. Wolff, Bouvier, S. 84.
4) Quelle 1, S. 134.
5) ebenda.
6) ebenda.
7) Gordon J. Burgess, Wirklichkeit, Allegorie und Traum in "Draußen vor der Tür", i. Ü. Quelle 3, S. 62.
8) Quelle 3, S. 84.
9) H.E.Holthusen, Ja und Nein, München 1954, S. 243 f. Kritisches Verstehen, München 1961 S. 260 f.
10) Quelle 3, S. 87.
11) Quelle 1, S. 13.
12) ebenda.
13) Quelle 3, S. 95.
14) Bernd M. Kraske, "Draußen vor der Tür", Anmerkungen zur Hörspiel-Rezeption, i.Ü. Quelle 3, S. 44.
15) Wolfgang Borchert, Das Gesamtwerk, Rowohlt - Taschenbuch 12883, Nachwort, S. 339.

Die Hundeblume

Inhalt

Hinter dem Ich-Erzähler wurde die Zellentür geschlossen, die häßliche Tür mit der Nummer 432. "Das ist das Besondere an dieser Tür, daß sie eine Nummer hat und mit Eisenblech beschlagen ist - das macht sie so stolz und unnahbar; denn sie läßt sich auf nichts ein, und die inbrünstigen Gebete rühren sie nicht."

Nun war der Erzähler mit dem Wesen allein gelassen, das er am meisten fürchtete, sich selbst. Er hatte nichts mehr, als sich selbst: keine Flasche zum Zerschmettern, kein Handtuch, um sich aufzuhängen, und keine Feder zum Schreiben. "Das ist verdammt wenig in einem leeren Raum." - Als es Nacht wurde, fühlte er sich nicht mehr allein. Zunächst dachte er, Gott sei da.

Aber es war die Angst, und sonst nichts.

Mit der Zeit gewöhnte sich der Ich-Erzähler, der Häftling aus der Zelle 432, an sich selbst, und er verlor den Zusammenhang mit dem Leben und der Welt. Doch eines Tages öffnete sich die Tür, wie viele andere auch, und schlechtrasierte Männer liefen im Kreis, umstellt von "blauen Hunden mit Lederriemen um den Bauch. Die hielten uns in Bewegung und waren selbst dauernd in Bewegung und bellten uns voll Angst".

Wären die blauen Uniformen nicht gewesen, hätte es bis in die Ewigkeit so weitergehen können. Dennoch kam der Tag, an ihm der Rundgang zur Qual wurde, an dem er den immer gleichen Anblick seines Vordermannes nicht mehr ertragen konnte. Seine fettige Glatze weckte Haßgefühle, und der Häftling aus der Zelle 432 wurde von Tag zu Tag bösartiger gegen ihren Träger. Er empfand nur Verachtung; denn "dieser nachgemachte Mensch" konnte nur ein Zirkusclown oder Papierkrämer sein. Sogar Mordgedanken wälzte er in seiner vom Anstaltskoller befallenen Psyche.

Der Ich-Erzähler ist davon überzeugt, daß es sich bei seinen Haßausbrüchen nicht um ein individuelles Phänomen, sondern um eine allgemeine Erscheinung handle, die jeden Häftling früher oder später einhole. "Denn wenn du mit uns (ich sage jetzt 'uns', weil wir dieses eine alle gemeinsam haben) in unserm lendenlahmen Kreise wankst, dann bist du so leer von Liebe, daß der Haß wie Sekt in dir aufschäumt."

Eines Tages entdeckte der Häftling aus der Zelle 432 in dem kleinen schmutzig-grünen Rasen, den sie ständig umkreisten, einen "unscheinbaren gelben Punkt, eine Miniaturgeisha auf einer großen Wiese". Als er dichter an sie herankam, erkannte er eine Hundeblume. Sie stand nur einen halben Meter vom Wege entfernt. Nur wenige Tage konnte er sich an der Hundeblume erfreuen, und wenn der Rundgang zu Ende ging, mußte er sich mit Gewalt von ihrem Anblick losreißen. Die Sehnsucht nach etwas Lebendigem in der Zelle wurde so mächtig, daß die unscheinbare Blume den Wert einer heimlichen Geliebten bekam. Ohne sie konnte er in seiner Zelle nicht mehr leben.

Um die Hundeblume in seine Reichweite zu bekommen, spekulierte der Häftling auf den menschlichen Herdentrieb. Von Tag zu Tag ging er immer näher an ihr vorbei, und seine Hintermänner "latschten stur und folgsam in meiner Spur". Nach vier Tagen war er ihr so nahe, daß er sie mit der Hand hätte erreichen können. Um sich unauffällig bücken zu können, ließ er einige Male seinen linken Strumpf herunterrutschen und zog ihn wieder hoch.

Der Tag war herangekommen, und auch die vorletzte Runde, wo es geschehen sollte. Der Häftling war bereits nahe am Tatort, als sein Vordermann nach einigen zirkusreifen Verrenkungen zusammenbrach. Einer der Wachtmänner stellte seinen Tod fest und gab ihm einen letzten Fußtritt.

Am nächsten Morgen hatte der Häftling aus der Zelle 432 einen neuen Vordermann. "Er sah verlogen aus wie ein

Theologe, aber ich glaube, er war eigens aus der Hölle beurlaubt, mir das Pflücken meiner Blume völlig unmöglich zu machen." Mit seiner primitiven Würde brachte er sogar die Aufpasser wider Willen zum Lachen. "Er war gerissen genug, verrückt zu sein - aber nicht so verrückt, daß seine Gerissenheit darunter litt." Beim Passieren der Wachhunde machte er jedesmal eine ehrlich wirkende Verbeugung und wünschte: "Gesegnetes Fest, Herr Wachtmeister!" So schmeichelte er deren Eitelkeit, und "ein gewisser Stolz (blähte) ihre Bäuche, daß sich die Lederkoppel spannten". Die Verrücktheit seines Vordermannes nahm den Häftling aus der Zelle 432 so in Anspruch, daß er die Hundeblume fast vergaß. An die zweihundertfünfzig Verbeugungen machte der "Theologe" pro Tag, und ebenso oft mußte er sich vorsehen, nicht verrückt zu werden.

Am nächsten Tag bekam der Häftling dank einer List einen neuen Vordermann. Der war so lang, daß er glatt in seinem Schatten verschwand. Am Ende der halben Stunde bückte er sich wieder nach seinem heruntergerutschten Strumpf, und mit einer blitzschnellen Bewegung riß er die kleine Blume an sich.

Zurück in der Zelle "hebt dieser Mensch, der gewohnt war, Pulver, Parfüm und Benzin, Gin und Lippenstift zu riechen, die Hundeblume an seine hungrige Nase, die schon monatelang nur das Holz der Pritsche, Staub und Angstschweiß gerochen hatte und saugt so gierig aus der kleinen gelben Scheibe ihr Wesen in sich hinein... Er war so gelöst und glücklich. Gefangenschaft, Alleinsein, Hunger nach Liebe ..., "die Welt und das Christentum - nichts belastete ihn mehr. Er war ein Wilder, der die Erscheinungen der Natur fürchtete und anbetete. "So befreit war er, und nie war er so bereit zum Guten gewesen, als er der Blume zuflüsterte ...werden wie du ..." Und noch im Schlaf umspannten seine Hände den Trinkbecher, der die Blume barg, und er träumte, wie nach seinem Tode Blumen aus ihm brachen:

"Anemonen, Akelei und Löwenzahn - winzige, unscheinbare Sonnen."

Interpretation

"Die Hundeblume" entstand an einem Tage; Wolfgang Borchert schrieb sie während seines Aufenthaltes im Elisabeth-Krankenhaus am 13. Januar 1946 nieder, "auf einen einzigen, unvorbereiteten Zug - kaum ahnend, daß sich hier anderes als sonst ereignet - eine von Grund auf eigentümliche, auf Anhieb moderne, ohne jeden Umschweif und ohne Nachkorrektur meisterliche Erzählung ... Was ist geschehen? Keine schrittweise Entwicklung formaler Fähigkeiten; keine Qualitätsverbesserung durch Schulung, Übung, Ausbildung; kein plötzliches Auftauchen neuer Vorbilder, Anregungen, Ratgeber - nichts von alledem, sondern die wider alle Vernunft und Erklärungsversuche unvermittelte Geburt des Vermögens. Was später den Mythos prägen half, Krankheit und früher Tod, politische Verfolgung und politische Hellsichtigkeit, all das erhält sekundären Belang und tritt zurück vor dem von Grund auf erstaunlichen Faktum, daß ein dürftiges Formtalent und eine mitnichten aufsehenerregende Ausdrucksbegabung auf einen Schlag alle Mittel zur Hand hat, alle Methoden beherrscht, über Stil nicht nachdenkt und den Satzbau nicht reflektiert - daß ein Mensch, der sich bis dahin für das Gedicht ausersehen glaubte und von dessen Gedichten nicht eines wirklichen Rang besaß, auf dem Gebiet erzählender Prosa, wo er die mindeste Erfahrung hat, plötzlich ein Dichter ist", beschreibt Peter Rühmkorf den unerwarteten Qualitätssprung, den Borcherts erste gedruckte Erzählung auszeichnete. Mit ihr gelang ihm der Einstieg in die Literatur. (1)

Nachdem sein Vater die Geschichte auf der Maschine abgeschrieben hatte, schickte sie Borchert am 18. Februar 1946 an Hugo Sieker. In einem Begleitbrief heißt es: "Nun muß ich Ihnen zum ersten Mal eine Erzählung schicken und Sie gleichzeitig um Rat fragen: Was soll ich damit machen - ganz einfach, weil ich Geld verdienen muß, um meinen Krankenhausaufenthalt bezahlen zu können. Meine Bühnenverträge kann ich leider nicht einhalten - also heißt es: schreiben." (2)

Hugo Sieker veröffentlichte am 30. April 1946 in der "Hamburger Freien Presse" den ersten Teil der "Hundeblume". Der zweite Teil folgte am 4. Mai. Der Erzählungsband, dem "Die Hundeblume" den Titel gab, erschien im Frühsommer 1947 im Verlag Hamburgische Bücherei.

Ganz ohne Korrektur, wie Peter Rühmkorf meint, wurde "Die Hundeblume" nicht veröffentlicht. Das erhaltene Originalmanuskript enthält die folgende Passage: "Er empfand sie (die Hundeblume, d. A.) wie die Schulter einer dunklen Frau, und er gab ihr einen Namen: Aline sagte er:" (Aline Bußmann war die Frau seines Verteidigers im Prozeß wegen Wehrkraftzersetzung, eine stadtbekannte Hamburger Schauspielerin und Borcherts mütterliche Freundin). Diesen Namen erhielt auch zunächst die Erzählung. Weiterhin besaß "Die Hundeblume" einen Schlußabsatz, der gestrichen wurde. Er lautete: "Als sie ihn am nächsten Morgen um 4 Uhr abholten und er wußte, daß er nicht zurückkehren würde, sah er den letzten blassen Sternen ohne Angst ins Gesicht. Er war bereit zu jedem Abenteuer, das die Seele erwartete, Ja zu sagen."

Den autobiographischen Hintergrund seiner Erzählung hat Borchert selbst vermerkt: "... ich habe mich allmählich damit abgefunden - wenn ich nicht ins Gefängnis gekommen wäre, hätte ich keine ´Hundeblume´ geschrieben - wenn ich nicht krank geworden wäre, hätte ich überhaupt kein Wort geschrieben. Das Leben ist doppelseitig wie ein Fisch ..." (3)

Dem Theologen Cordes, der ihn im Baseler Krankenhaus besuchte, antwortete Borchert auf seine pastoralen Vorhaltungen und ästhetischen Einwände: "Sie dürfen nicht vergessen, daß es diesen Hundeblumen-Mann gibt, daß er 21 Jahre alt war und 100 Tage in der Einzelzelle saß mit dem Antrag der Anklagevertretung auf Tod durch Erschießen! 100 Tage, 21 Jahre. Er hat wirklich eine Hundeblume geklaut und durfte zur Strafe eine Woche nicht mit im Kreise gehen! Er wußte ganz genau, wie es bei so einer Erschießung hergeht, er hatte 100 Tage Zeit, über dies und das nachzudenken. Er hat nachgedacht. Und dann liefen ihm diese 100 Tage vier Jahre lang durch alle Nächte hindurch nach, bis es ihm plötzlich gelang, sie förmlich auszukotzen. So, da waren sie! Man war sie los. Und so schrieb Wolfgang Borchert seine erste Geschichte. Und dann kommt M.F.Cordes, vergleicht mit Dostojewski und Balzac und sagt: Na ja." (4)

Borcherts erste Geschichte war "Die Hundeblume" mit Sicherheit nicht. Hugo Sieker, Redakteur beim "Hamburger Anzeiger" hatte einige seiner Gedichte veröffentlicht und bat ihn am 1. Juli 1941 brieflich um "ein kurzes Prosastück - wir werden es im Augenblick leichter unterbringen können als Gedichte". Borchert antwortete, im Augenblick töte die total aufgezwungene Welt des Zwangs und der Uniform alles Schöne, alle Kunst in ihm. Im August schickte er doch eine Geschichte, die aber erst im November 1947 in der "Hamburger Freien Presse" veröffentlicht wurde; sie heißt: "Die Blume" und ist unübersehbar ein früher Vorgänger der "Hundeblume". Deutlich sind die Parallelen in der Weltsicht: "Ich träumte, rings war Vernichtung und Tod - sinnlos sank das Leben in das Nichts, zu keiner Auferstehung. Wo ist der Sinn der Welt - frage ich in das All. Ist kein Sinn? Verzweifelt und ohnmächtig wanderte ich von Zeit zu Zeit, aber immer war es Krieg. Voll Grauen und Größe brach diese Vision des Untergangs auf mich hernieder - wo ist der Gott? fragten die sterbenden Augen. Wo ist das Leben - fragten die welkenden Münder, wo ist der Sinn und die Liebe - fragten die verirrten, verzweifelten

Analysen und Reflexionen - Blickpunkt

Bitte senden Sie an untenstehende Adresse kostenlos laufend Prospekte über Bücher aus dem Joachim Beyer Verlag, Hollfeld, Tel. (09274) 95051, Fax (09274) 95053

☐ Textanalysen

☐ Lernhilfen

☐ Schachbücher

Name

Vorname

Beruf

Straße

Wohnort

Ich bestelle

Martin H.
Ludwig/Eckhard
Ostertag
**Lernen - Qual
oder Zufall**
160 Seiten -
Tabellen
Kart. **DM 19,80**

LERNEN

Qual oder Zufall?

Vademecum
der Lernarbeit

Joachim Beyer Verlag

Wie lerne ich lernen? Eine oft behandelte Frage wird hier dem Benutzer nahegebracht. Die Autoren versuchen, ihre Erfahrungen weiterzugeben.

gehört/gelesen=behalten=verstanden?
verstanden=gelernt? oder gar:
gewollt=gelernt?

Grenzen des Lernens,

Struktur des Lernvorgangs

Erläuterungen, Beispiele und konkrete Tips zu den Fragen:

Wie lernen?	Wann lernen?
Womit lernen?	Wieviel lernen?
Wie lange lernen?	Wie oft lernen?
Wo lernen?	Mit wem lernen?
'Gegen wen lernen?	

Wie das Gelernte behalten? Lernen macht Spaß!

Blickpunkt - Text im Unterricht

„Lesen" und „Interpretieren" von Texten dominieren seit jeher den Deutschunterricht unserer Schulen. Stets wird zunächst der Text zentraler BLICKPUNKT sein, und jede produktive und schöpferisch modulierte Arbeit wird nur entlang des gelesenen Textes erfolgen können.

In diesem Sinne will die Reihe BLICKPUNKT - TEXT IM UNTERRICHT jedem Lernenden und Unterrichtenden nicht mit „fertigen Interpretationen" näherkommen, sondern Sichtweisen und ergänzende Materialien, die den jeweiligen Text aufschließen, vermitteln.

BL 501	Döblin, Berlin Alexanderplatz	DM 12,80
BL 502	Koeppen, Tauben im Gras	DM 11,80
BL 503	Dürrenmatt, Das Versprechen	DM 7,80
BL 504	Rhue, Die Welle (The Wave)	DM 7,80
BL 505	**Expressionistische Lyrik**	DM 11,80
	Golding, Herr der Fliegen	
	(Lord of the Flies)	
BL 507	Grass, Die Blechtrommel	DM 11,80
BL 508	Lessing, Nathan der Weise	DM 11,80
BL 509	Goethe, Die Leiden des jungen Werther	DM 11,80
BL 510	Schiller, Wilhelm Tell	DM 11,80
BL 512	Lenz, Die Deutschstunde	DM 11,80
BL 513	Kafka, Das Schloß/Der Prozeß	DM 11,80
BL 515	Brecht, Leben des Galilei	DM 9,80
BL 516	Goethe, Iphigenie	
	Brecht, Heilige Johanna	
BL 517	Remarque, Im Westen nichts Neues	DM 9,80
BL 518	Kleinbaum, Der Club der toten Dichter	DM 11,80

weitere Bände folgen.

Werbeantwort

Joachim Beyer Verlag

Postfach 12 40

96140 Hollfeld

Briefmarke
bitte
nicht
vergessen

Seelen. Das Nichtwissen um die Dinge ist die Antwort auf alles. Blutend und klagend rissen die Religionen auseinander und in viele Fetzen, und das unbarmherzige wahre Antlitz des Nichts schwieg durch den Raum - wo ist der Trost? flehten die Herzen."

Trost findet der verzweifelte, ins Nichts gestoßene Held und Ich-Erzähler der Geschichte in einer kleinen, unscheinbaren Blume: "Erschüttert von der unbekannten Größe und von der eigenen Kleinheit, fand ich mich wieder auf dem Schlachtfeld und der Wüste des Grauens - aber der Gott des Alls, der Geist der Natur hatte mir den Glauben wiedergegeben. Und ich fand - fand Genesung und Trost: umtost von den Wirrnissen der Welt stand, bebend den Traum des Gottes träumend, eine kleine, zarte, lichte Blume - ihre Blüte war von unendlich liebender Hingabe der gütigen Sonne zugeneigt. O Natur, freie und allgemeingültige, bist du der Gott - die Göttin, die ich suchte? bist du sie Erfüllung aller Dinge, die sich in einer Blume dem Irrenden offenbart? All, bist du der Gott?"

Zur Überraschung des Lesers schließt die Geschichte mit einem harmonischen Ausgang, und die pessimistische Grundstimmung weicht einem idyllischen und trostspendenden Bild: "Anbetend hatten meine Knie sich vor der Blume gebeugt und alles Häßliche versank nun vor mir und eine unendliche Schönheit tat sich vor mir auf - der Tod war voller Auferstehung und Linderung, das Leid voller Lächeln und das Glück ohne Ende. O Unendlichkeit des Seins in Dir, Blume des Gottes. In Dir fand ich den Sinn und das verlorene Leben! - Wie die unberührte Seele eines Mädchens zitterte die Blume leise vor meinem Atem - und ich erkannte in ihr die Allmacht der Liebe und fand heim in das Leben, das ich verloren. Und ich fragte nicht mehr nach Gott, denn ich fand ihn in der Blume - in einer Blume, die morgen schon welkte, aber tausend und aber tausend werden wieder erblühen in der ewigen Liebe der Sonne, von dem großen, unbekannten Gott geküßt und vom

Hauch des unendlichen Alls gekost - durfte ich nun noch verzweifeln und klagen."

Borcherts epigonale Dichtungsweise in der verspäteten Nachfolge des Expressionismus hatte der Zeitungs- redakteur Hugo Sieker bereits früh gerügt. In einem Brief vom 23.4.1940 schreibt er an den jungen Borchert:" ... Wenn Sie auf einen kleinen Hinweis von mir hören wollen, möchte ich Sie davor warnen, sich zu sehr in einzelne Worte zu verlieben und den Sinn eines ganzen Gedichtes von der Schönheit gewisser Lautmalereien übertönen zu- lassen. Denken Sie in Zukunft immer stärker daran, daß es die Aufgabe auch eines Gedichtes ist, etwas Sachliches auszusagen. Hat ein Gedicht keinen festen sachlichen Kern, so wird es den Leser bei aller Pracht schöner Worte dennoch unbefriedigt lassen."

Peter Rühmkorf lobt an dieser Geschichte den schreienden Kontrast zum "schönfärberischen Heroismus" des Schrifttums jener Tage, konstatiert jedoch andererseits den "Jargon eines ausgelaugten Ästhetizismus" und die "primitive, prächristliche Religiosität" der beschwörenden Anbetung der Blume. (5) Im Gegensatz zu Borcherts frühen Arbeit sei in der "Hundeblume " der "ohnmächtige Ausbruch der Verzweiflung und der hilflose Versuch, die Fragwürdigkeit der Welt in der Jammertirade auszudrük- ken" einer "rabiaten Versachlichung" gewichen, und das Problem menschlicher Verlorenheit spiele sich nun nicht mehr vor dem allgemein-undeutlichen All, sondern in einer ganz konkreten Situation ab. "Borcherts gesamte literari- sche Produktion vor jenem plötzlichen Durchbruch im Jahre 1946 krankte an einem Mangel an Anschaulichkeit und Versinnlichung. Sie versuchte, Ideen rein darzustellen und blieb immer in der Umschreibung stecken. Sein Leiden an der Welt, seine Isolation, die Einsamkeit vor dem Nichts - all das, als Erfahrungstatsache längst vorhanden, als täglich Banalität erlebt, wurde, wenn es an die Formulierung ging, in Brief und Gedicht und jenem frühen Prosaversuch ins Allgemeine und Abstrakte abgeschoben." (6)

Zur Erzählperspektive von Borcherts Erzählungen konstatiert Wulf Köpke: "Borcherts eindeutig auto-biographischen Erzählungen sind in einer ebenso eindeutigen Ich-Perspektive gehalten: "Schichyphusch", "Marguerite", "Die Professoren wissen auch nix". Das "ich" wird nicht weiter eingeführt und vorgestellt, es ist einfach da. Ebenso autobiographisch sind die Gefängnisgeschichten "Die Hundeblume", "Unser kleiner Mozart", "Maria, alles Maria". Bei "Ein Sonntagmorgen" wird der Erzähler nicht sichtbar. (7)

Fast bis zum Schluß der "Hundeblume" werden die Geschehnisse in der 1. Person, aus der Perspektive eines Ich-Erzählers, berichtet. Das Leben in der ausweglosen Enge der Gefängnismauern und die Brutalisierung der menschlichen Beziehungen sind erlebbare und erlebte Vorgänge mit eindeutigem Realitätsgehalt. Der schnelle Griff nach der Blume leitet über in eine Welt, die abgehoben ist vom grauen Gefängnisalltag, und der Autor der Erzählung verfällt hierbei in die Denk- und Traumwelt seiner frühen Erzählung. Und mit dem Bruch in der Erzählweise findet ein Wechsel in der Erzählperspektive von der 1. in die 3. Person, statt. Zugleich ändert sich der Erzähltempus: Zwei Absätze lang wird das Geschehen nicht im Präteritum, sondern im Präsens dargestellt.

Der Wechsel in der Erzählperspektive und im Erzähltempus markieren den Eintritt einer generellen Wende in der Erzählsituation.

Metaphorik

Mit der Einlieferung in das Gefängnis und der Einsperrung in die Enge der Gefängniszelle verliert der Mensch so ziemlich alles, was seine menschliche Persönlichkeit ausmacht: Mit seiner Freiheit büßt er seine Identität, seine Würde und sein Selbstwertgefühl ein. "Der Mensch, höchst unmetaphorisch und direkt zur Nummer geworden, hat jede Möglichkeit zum menschlichen Handeln verloren." (8) Er ist nur noch eine "Latte" in einem "endlosen Lattenzaun", ohne persönliches Profil, und verdammt, dort zu stehen, wo er von fremden Mächten hingestellt wird. Und- jeder Hund pinkelt die Latte an, ohne daß sie sich zu wehren vermag. Der "Latte" stehen die "Wachhunde" gegenüber, die mit ihrem "wütenden" oder "heiseren Bellen" die Häftlinge in Angst versetzen. In ihrem jahrzehntelangen "Kläfferdienst" hatten sie ihre Menschlichkeit eingebüßt und ein hunde-gefährliches Wesen angenommen. Ihre Münder waren schnauzenähnlich geworden, und man mußte erst genug Angst in sich haben und ruhiger werden, um sie als Menschen zu erkennen. Ständig sind sie auf der Lauer, um auf "jede individuelle Regung des Lattenzauns mit wüten-dem Gebell zu reagieren". Symbole der "Wichtigkeit" dieser wichtigtuerischen, aufgeblasenen "Staatsdenkmäler" sind die Insignien ihrer Macht, die Riesenschlüsselbunde. Die Lederriemen um die Bäuche sind gleichermaßen Symbole brutalen Machtgebrauchs wie der moralischen Inferiorität ihrer Träger.

Das Gefängnisdasein beraubt den Menschen seiner Mit-menschlichkeit und Solidarität. Liebe und Güte weichen einem unerbittlichen, zerstörerischen Haß gegen alle und jeden. Borchert gebraucht für dieses Phänomen verschie-dene Bilder: Der Haß schäumt auf wie Sekt, und er fällt den Häftling an wie ein eifersüchtiges Weib.

Die Hundeblume, ein "unscheinbarer gelber Punkt" und "Miniaturgeisha" zugleich, verkörpert für den Häftling all das, was er in der Isolation der Einzelzelle entbehren muß: Liebe, Leben, Schönheit. Sie macht deutlich, welch gering-fügiger Anlaß in extremen Situationen ein Glücksgefühl, ja Freude auszulösen vermag. Inmitten einer Atmosphäre äußerster Gereiztheit, in der die Bewacher jederzeit bereit sind, loszuschlagen, riskiert der Häftling eine unerbittliche Bestrafung, um in den Besitz dieses bescheidenen Gewächses zu gelangen.

Philipp Lersch charakterisierte die Phänomene Freude und Gereiztheit mit folgenden Worten: "Die Freude über etwas ist ein gerichtetes Gefühl, in dem innerweltlich Begegnendes - ein Ding, ein Wesen, ein Ereignis - in eigenartiger Weise unmittelbar zu unserer Innerlichkeit wird; und zwar zeigt es sich uns mit einem Antlitz des Lichtes und der Helligkeit, in dem unsere eigene Gegenwart steht und durch das unser Hier und Jetzt eine Überhellung und einen Aufschwung erfährt...". - Und: "Der Mensch steht als Einzelwesen in dauernder Auseinandersetzung mit der Umwelt... Diese Auseinandersetzung vollzieht sich nie reibungslos. Überall dort nun, wo die Umwelt und Mitwelt ... in der Qualität feindseliger Beeinträchtigung erlebt wird und das kommunikative Gleichgewicht zwischen Individuum und Umwelt gestört ist, entstehen die Gefühlsreaktionen der Gereiztheit, des Unwillens und seiner Steigerung, des Zorns ..." (9)

Quellen:

1) Rühmkorf, Peter, Wolfgang Borchert, rowohlts monographien, Hamburg 1961, S. 117.
2) Schröder, Claus B. Draußen vor der Tür, Berlin 1988, S. 207.
3) Quelle 1, S. 126.
4) ebenda, S. 67.
5) ebenda, S. 68.
6) ebenda, S. 70.
7) Köpke 99.
8) Quelle 1, S. 171.
9) Lersch, Philipp. Der Aufbau des Charakters, Leipzig 1948, S. 85 - 88

Das Brot

Inhalt

Es war tiefe Nacht. Die Stille ließ sie aufwachen, das Bett neben ihr war leer. Sie tappte durch die dunkle Wohnung zur Küche. Sie machte Licht, und sie standen sich im Nachthemd gegenüber. Sie sah, daß er sich Brot abgeschnitten hatte, doch sie verlor darüber kein Wort. Er sagte nur: "Ich dachte, hier wär was", und sie antwortete: "Ich habe auch was gehört". Dabei fand sie, daß er im Hemd schon recht alt aussah, und ähnliches dachte er von ihr.
Sie sagte, er solle ins Bett kommen, bevor er sich auf den kalten Fliesen erkälte. Und sie kam ihm zu Hilfe: "...das war wohl draußen, die Dachrinne schlägt immer bei Wind an die Wand..."
Als sie im Bett lagen, sagte er, es sei wohl die Dachrinne gewesen, aber seine Stimme klang unecht, und sie merkte, daß er log.
Nach einer Weile merkte sie, daß er vorsichtig kaute. Sie atmete ganz gleichmäßig, damit er nicht gewahr wurde, daß sie wach lag.
Am nächsten Abend schob sie ihm eine Scheibe Brot mehr hin und log, daß sie es nicht vertrage. Er wollte es nicht annehmen, und sie sagte nur: "Doch. Abends vertrag ich das Brot nicht gut. Iß man. Iß man."

Interpretation

"Das Brot" zählt zu Borcherts nachgelassenen Erzählungen.
Berichtet wird über die Not der Nachkriegszeit und über die Güte und verzeihende Nachsicht einer Frau, die ein langes gemeinsames Leben mit ihrem Mann verbindet, den sie bei einem Brotdiebstahl (wenn es so etwas in einer Ehe überhaupt gibt) überrascht.

Der Mann begeht einen Vertrauensbruch. Das Brot ist äußerst knapp, und der Hunger tut weh. Die Frau vermeidet alles, was ihren Mann beschämen könnte. Sie läßt ihn nicht fühlen, das sie ihn bei einem "Mundraub" und bei einer "Notlüge" ertappt hat, im Gegenteil: Sie "belohnt" ihn noch für seine Missetat, indem sie ihm am nächsten Tag auf ihre Kosten eine Scheibe Brot mehr zuschiebt.

Sicher eine alltägliche Geschichte, und das "Delikt" für die Maßstäbe normaler Zeiten von äußerster Geringfügigkeit.

Für den Wohlstandsbürger unserer Tage ist es schwer begreiflich, welches Gewicht die Befriedigung elementarer Bedürfnisse in Notzeiten zu erlangen vermag, in denen selbst hochintelligente und wohlerzogene Menschen den letzten Rest ihrer Würde wegen eines zusätzlichen Happens vergaßen. Wer in Kriegsgefangenschaft war, konnte erleben, daß auch hohen Offizieren und Aristokraten ihr hochmütiger Stolz abhanden kam, wenn es ums Überleben ging.

Um so anrührender ist die äußerlich so anspruchslose Geschichte von dem alten Ehepaar; die Not machte diese Menschen nicht zum "Wolf unter Wölfen". Sicher reichte die eine Scheibe Brot nicht aus, um den Hunger des Mannes zu stillen, dennoch kam es ihm nicht in den Sinn, den gesamten Vorrat gierig zu verschlingen.

Diese beeindruckende Erzählung besticht gerade durch ihre bescheidenen erzählerischen Mittel. Kein überflüssiges Wort, kein schmückendes Epitheton. Bei der Darstellung der Fakten dominiert der knappe, kurze Hauptsatz ohne Nebensatz. Zusammengesetzte Sätze werden fast ausschließlich für Reflexionsdarstellungen eingesetzt. Auch die Nebensätze sind von lakonischer Kürze. (Beispiel: "Ja, ich dachte, es wäre in der Küche. Es war wohl die Dachrinne.")

Die Sprache dieser Erzählung verzichtet radikal auf jegliches Experiment: keine Neologismen, keine Oxymora, keine

Anaphern oder Epiphern. Sie bedeutet eine konsequente Absage an expressionistische und manieristische Gestaltungsformen; unverkennbar ist der Einfluß Hemingways, dessen "Short Stories" dem deutschen Leser in den ersten Nachkriegsjahren zugänglich geworden war.

Heinrich Böll schrieb in seinem Aufsatz "Die Stimme Wolfgang Borcherts": "Borcherts Erzählung 'Brot' ... ist Dokument, Protokoll des Zeugen einer Hungersnot, zugleich aber ist sie eine meisterhafte Erzählung, kühl und knapp, kein Wort zu wenig, kein Wort zuviel - sie läßt uns ahnen, wozu Borchert fähig gewesen wäre: diese kleine Erzählung wiegt viele gescheite Kommentare über die Hungersnot der Nachkriegsjahre auf, und sie ist mehr noch als das: ein Musterbeispiel für die Gattung Kurzgeschichte, die nicht mit novellistischen Höhepunkten und der Erläuterung moralischer Wahrheiten erzählt, indem sie darstellt. An ihr, an der Erzählung 'Brot' läßt sich auch der Unterschied zwischen Dichtung und der so mißverstandenen Gattung Reportage erklären: der Anlaß der Reportage ist immer ein aktueller, eine Hungersnot, eine Überschwemmung, ein Streik - so wie der Anlaß einer Röntgenaufnahme immer ein aktueller ist: ein gebrochenes Bein, eine ausgerenkte Schulter. Das Röntgenfoto aber zeigt nicht nur die Stelle, wo das Bein gebrochen, wo die Schulter ausgerenkt war, es zeigt immer die Lichtpause des Todes, es zeigt den fotografierten Menschen in seinem Gebein, großartig und erschreckend - wie er in Borcherts Erzählung 'Brot' zu sehen ist. Die 'Helden' dieser Geschichte sind recht alltäglich: ein altes Ehepaar, neununddreißig Jahre miteinander verheiratet. Und der 'Streitwert' in dieser Geschichte ist gering (und doch so gewaltig, wie ihn die Augenzeugen der Hungersnot noch in Erinnerung haben mögen): Eine Scheibe Brot. Die Erzählung ist kurz und kühl. Und doch ist das ganze Elend und die ganze Größe des Menschen mit aufgenommen - wie hinter dem gebrochenen Nasenbein auf der Röntgenaufnahme der Totenschädel des Verletzten zu sehen ist. Die Erzählung 'Brot' ist Dokument und Literatur, in ähnlicher Weise wie die Prosa, die Jonathan Swift über den Hunger des irischen Volkes schrieb." (1)

---

1)   Hierzulande S. 138

Die Kegelbahn

Inhalt

Zwei Soldaten lagen monatelang in einem Schützenloch. Vor sich hatten sie ein Maschinengewehr, mit dem sie auf alle Köpfe schossen, die sich aus einem gegenüberliegenden Loch hervorwagten.

Sie schossen auf Befehl, und ihre Opfer kannten sie nicht. Im Laufe der Zeit schossen sie so viele Menschen tot, daß man aus ihren Köpfen einen Berg machen konnte.

Die Männer stritten über ihr Tun. Der eine fand es furchtbar, während es dem anderen Spaß machte.

Sie einigten sich darauf, daß Gott sie so gemacht hatte, und seine Entschuldigung sei, daß es ihn nicht gäbe.

Als ihnen weiterzumachen befohlen wurde, schossen sie wieder, auf Menschen, die sie nicht kannten. Mit einem Gewehr, für dessen Erfindung einer belohnt worden war.

Interpretation

Diese Geschichte eröffnet den Zyklus "Im Schnee, im sauberen Schnee", der in dem Erzählungsband "An diesem Dienstag" enthalten ist und in der Zeit vom Herbst 1946 bis Sommer 1947 entstand.

Auf zwei Druckseiten wird in karger Prosa, nur mit erzählerischen Mitteln, schonungslos mit Militarismus, Kriegsgewinnlertum und Landsknechtsmentalität abgerechnet.

Die Soldaten gehorchen widerspruchslos den Mordbefehlen, wobei die Skrupel und Gewissensbisse des einen Soldaten folgenlos bleiben.

Die romantischen Verbrämungen fallen ab, hüllenlos zeigt der Krieg seinen wahren Charakter: er ist Mordhandwerk - kein ritterlicher Sport und kein Heldentheater.

Anders als in "Draußen vor der Tür" wird Gott nicht als

machtloser, weinerlicher Greis dargestellt, sondern seine Existenz verneint. Statt dessen gibt es "uns", und das sind Menschen mit Vernunft und Gewissen. Diese Erkenntnis raubt den Männern eine Nacht lang den Schlaf, aber der nächste Schießbefehl wird widerspruchslos befolgt.

Die Erzählung enthält eine rigorose Abrechnung und Anklage, auch wenn die Schuldigen nicht beim Namen genannt werden. Jeder muß wissen, wer gemeint ist, und zukünftige Täter sind ohnehin nur schwer zu benennen.

Die Geschichte wird von einem fiktiven Erzähler berichtet. Robert Pichl konstatiert an der Beschreibung des Maschinengewehrs einen "kindlichen Tonfall": "Vor sich hatten sie ein Gewehr. Das hatte einer erfunden, damit man damit auf Menschen schießen konnte. Meistens kannte man die Menschen gar nicht. Man verstand nicht einmal ihre Sprache. Und sie hatten einem nichts getan. Aber man mußte mit dem Gewehr auf sie schießen. Das hatte einer befohlen. Und damit man recht viele von ihnen erschießen konnte, hatte einer erfunden, daß das Gewehr mehr als sechzigmal in der Minute schoß. Dafür war er belohnt worden ..." (1)

Pichl, der auch das ständig wiederholte NEIN in "Dann gibt es nur eins" mit kindlichem Trotzverhalten vergleicht, resümiert:

"... Denn nach Aussage seiner Biographen sehnte sich Borchert selbst nach jener ursprünglichen, unverbildeten Existenzform, die orientiert ist an den der Menschheit unmittelbar einsichtigen, übergeschichtlichen Werten und die er im Bild des Kindes zu symbolisieren suchte. Gerade diese kindliche Existenzform, die das thematische und formalkünstlerische Potential des Dichters wesentlich mitgeprägt hat, weist aber in ihrer symbolischen Überhöhung über die scheinbar historisch begrenzte Aktualität der Dichtung hinaus. Sie hebt den konkreten Anlaß des ur-

sprünglichen dichterischen Erlebnisses, die Kriegs- und
Nachkriegszeit, ins Allgemeingültige..." (2)

Quellen

1) Robert Pichl, Das Bild des Kindes in Wolfgang   Borcherts Prosa,
    in Wolfgang Borchert, Hrsg. Rudolf Wolff, Sammlung Profile,
    Band 9, Bouvier, Bonn 1984, S. 119.
2) ebenda, S. 120.

An diesem Dienstag

Inhalt

An diesem Dienstag passierte allerlei: Schreibunterricht in der Schule. Das Mädchen Ulla schrieb Krieg mit ch. Die Lehrerin machte sie darauf aufmerksam, daß Krieg mit g geschrieben wird, wie Grube.

An diesem Dienstag meldete sich an der Ostfront Hauptmann Hesse krank. Der Bataillonskommandeur übergab Leutnant Ehlers die Kompanie und ermahnte ihn, den rosa Schal abzulegen und wegen der Scharfschützen nachts nicht zu rauchen. Der Leutnant rauchte dennoch und wurde prompt von einer Kugel getroffen.

An diesem Dienstag erinnerte der Chef die Sekretärin, man müsse "dem Hesse" wieder einmal etwas schicken. Da Hesse gern lache und für das Leichte sei, am besten Wilhelm Busch.

An diesem Dienstag. Seuchenlazarett Smolensk. Hauptmann Hesse wurde auf einer Bahre in die Entlausungsanstalt gebracht. Der Sanitäter schrieb in sein Buch: Temperatur 41,6. Puls 116. Ohne Besinnung: Fleckfieberverdacht.

An diesem Dienstag teilte Frau Hesse hocherfreut ihrer Nachbarin mit, ihr Mann sei Hauptmann und Kompaniechef geworden.

An diesem Dienstag fragte der Oberfeldarzt den Chefarzt des Seuchenlazaretts, wieviel es jeden Tag seien. Die Antwort: Ein halbes Dutzend. "Scheußlich sagte der Oberfeldarzt. Ja, scheußlich, sagte der Chefarzt. Dabei sahen sie sich nicht an."

An diesem Dienstag gab es die Zauberflöte, und Frau Hesse legte Rouge auf.

An diesem Dienstag schrieb Schwester Elisabeth ihren Eltern, daß man es ohne Gott nicht mehr durchhalte. Der Unterarzt ging so krumm, "als trüge er ganz Rußland durch den Saal". Hauptmann Hesse wurde tot aus dem Krankensaal getragen.

An diesem Dienstag malte Ulla abends zehnmal in ihr Heft:

IM KRIEG SIND ALLE VÄTER SOLDAT,

und zwar Krieg mit G, wie Grube.

Interpretation

In kurzen, alternierenden Szenen werden einige der Vorfälle beschrieben, die an einem der vielen Dienstage des Krieges passierten. Ganz zu schweigen davon, daß es noch die anderen Wochentage gab, an denen sich Ähnliches ereignete.

Die Szenen wechseln ständig zwischen Front und Heimat. Während zu Hause das Leben äußerlich nur wenig vom Krieg betroffen zu sein scheint, wird er an der Front zur grausigen Realität.

Scharf werden die Gegensätze herausgearbeitet zwischen der Ahnungslosigkeit der Menschen in der Heimat und der Unerbittlichkeit, mit der der Krieg an der Front zuschlägt.

Die militaristische Propaganda prägte die Dikattexte im Deutschunterricht: der ach so bescheidene Alte Fritz, er teilte die Not des Krieges mit seinen Soldaten - die Überlegenheit der deutschen Waffen - wir Kinder sind stolz auf unsere Heldenväter. Eine höchst makabre Pointe ist der Hinweis der Lehrerin, Krieg schreibe man mit g wie Grube.

Fast beiläufig steht ein Satz am Ende der ersten Szene, der die Absurdität des Kriegs grell beleuchtet: "Auf dem Schulhof fraßen die Nebelkrähen das weggeworfene Brot". Die Ausplünderung der besetzten Gebiete ermöglichte eine ausreichende Lebensmittelversorgung in der Heimat. In "Feindesland" litten die Menschen Hunger, und in Deutschland fraßen die Krähen das weggeworfene Brot.

Während den Kindern daheim der Krieg als Gelegenheit

zur heroischen Bewährung schmackhaft gemacht wurde, erlitt ein kaum der Schule entwachsener Leutnant einen sinnlosen Tod. Sinnlos, weil er mit etwas Vorsicht hätte vermieden oder zumindest hinausgeschoben werden können. Und sinnlos im Verständnis derjenigen, die ihn als süß noch ehrenvoll priesen, wenn er für das Vaterland erlitten wurde. Damit führt Borchert den Spruch, den die humanistischen Gymnasien für ihre Schüler bereit hielten: "Dulce et decorum est, pro patria mori", ad absurdum. Der Leutnant beugte sich der Disziplin und legte befehlsgemäß den unmilitärischen Schal ab. Den gutgemeinten Hinweis des jovialen Vorgesetzten, bei Dunkelheit nicht zu rauchen, ignorierte er dagegen und wurde prompt von einer Kugel getroffen.

Die Antithese, hier Ahnungslosigkeit - dort das grauenhafte Kriegsgeschehen, kulminiert in der Szene, in der Herr Hansen ein Wilhelm-Busch-Buch für Herrn Hesse für angemessen erachtet, weil dieser so gerne lacht, während der frischgebackene Hauptmann und Regimentskommandeur bereits mit dem Tode ringt. Diese Szene wird zeitlich und geschehensmäßig noch überlagert und zugespitzt durch die Freude der Frau Hesse über die Nachricht von der Beförderung ihres Mannes. Der Gipfelpunkt des Absurden ist erreicht, wenn Frau Hesse sich geschminkt in die Oper begibt, um die Zauberflöte zu sehen, während ihr Mann soeben an Fleckfieber gestorben ist und die Militärärzte sich gegenseitig die Scheußlichkeit der Seuche bestätigen. Borchert hat dieses Seuchenlazarett selbst kennengelernt; wegen seiner unerklärlichen Fieberanfälle wurde er im Winter 42/43 dort zur Beobachtung eingeliefert. Aus einem Fenster sah er auf einen Friedhof mit 700 Fleckfiebertoten. Es gibt in dieser Geschichte Gestalten, die durch ihr Mitleiden beweisen, daß sie sich ihre Menschlichkeit bewahrten: Schwester Elisabeth, die ihren Eltern schreibt, ohne Gott hielte man das alles gar nicht durch. Der subalterne Militärarzt geht unter der Last der Ereignisse so krumm, als trüge er ganz Rußland durch den Saal. Und der Sanitäter hat im ständigen Umgang mit dem Tod bereits die Merkmale eines Toten angenommen: seine Finger sind so dünn wie Spinnenbeine.

Borchert reiht die Szenen in einer äußerst knappen Folge aneinander; straff wie ein Filmszenarium und eindringlich durch die Beschränkung auf die Realitäten.

Alle neun Szenen werden durch das stereotype "An diesem Dienstag" eingeleitet; das demonstrative "diesem" verweist darauf, daß es sich um typische Ereignisse eines Tages handelt, die sich unaufhörlich in ähnlicher oder anderer Form wiederholten. Die lakonische und reportagehafte Sprache beschränkt sich auf die Darstellung der Fakten. Es werden vor allem kurze, prägnante Sätze aneinandergereiht: "Er ist Hauptmann geworden. Hauptmann und Kompaniechef, schreibt er. Und sie haben über 40 Grad Kälte. Neun Tage hat der Brief gedauert. An Frau Hauptmann Hesse hat er oben drauf geschrieben." (Bei der Wiedergabe der direkten Rede verwandte Borchert nach der Erzählung "Billbrook" keine Anführungszeichen mehr.)

Gevatter Tod war im Seuchenlazarett ständiger Gast. So leistete man sich auch hin und wieder witzig-banale Sprüche, wie:

Ob General, ob Grenadier:
Die Haare bleiben hier.

oder, während ein etwas empfindlicherer Lazarettinsasse sich beschwert, weil man mit den Toten so pietätlos umgeht, singt sein Bettnachbar:

Zicke zacke juppheidi
Schneidig ist die Infanterie.

Mit diesen Sprüchen fängt Borchert den mit der Barrasatmosphäre untrennbar verbundenen schwarzen Landserhumor ein.

Nachts schlafen die Ratten doch

Inhalt

Es wurde Abend, und Jürgen, ein neunjähriger Junge saß auf einem Schutthaufen inmitten der endlosen Trümmerwüste. Ein alter Mann mit einem Korb und einem Messer in der Hand fragte ihn, ob er hier schlafe. Jürgen antwortete, er müsse aufpassen. Worauf wollte er nicht sagen. Erst als der Alte versprach, ihm seine Kaninchen zu zeigen, rückte Jürgen mit der Sprache heraus. Immer passe er auf, seit Sonnabend Tag und Nacht. Auf die Frage, ob er denn gar nicht nach Hause ginge, er müsse doch essen, hob Jürgen einen Stein. Darunter lag ein halbes Brot und eine Blechschachtel mit Tabak.

Der Alte lockte, indem er ein Kaninchen als Geschenk in Aussicht stellte, aus Jürgen heraus, daß der Junge wegen der Ratten nicht wegkönne. Sie essen von den Toten, das hätte der Lehrer gesagt. Sein kleiner Bruder liege unter den Trümmern, auf den müsse er aufpassen.

Der Alte fragte, ob der Lehrer nicht gesagt hätte, daß die Ratten nachts schlafen: "Na ..., das ist aber ein Lehrer, wenn er das nicht einmal weiß. Nachts schlafen die Ratten doch. Nachts kannst du ruhig nach Hause gehen ..." Und er fügte hinzu, daß er jetzt seine Kaninchen füttern gehe, und wenn es dunkel wird, hole er ihn ab. Und vielleicht werde er ein kleines Kaninchen mitbringen.

Jürgen stand auf und rief ihm nach: "Wenn ich eins kriegen kann? Ein weißes vielleicht?" Der Alte sagte, Jürgen solle so lange warten, er würde mit ihm nach Hause gehen, um dem Vater zu sagen, wie ein Kaninchenstall gebaut wird. Jürgen rief noch hinterher, daß Bretter zu Hause seien, doch das hörte der Alte nicht mehr.

"Und der Korb schwenkte aufgeregt hin und her. Kaninchenfutter war da drin. Grünes Kaninchenfutter, das war etwas grau vom Schutt."

Interpretation

In einer kurzen Szene erhellt Borcherts Erzählung schlag-
lichtartig die Bitterkeit einer vom Krieg zerstörten Kindheit.
Kurz vor dem Hereinbrechen der Nacht sitzt einsam und
verlassen auf einem Trümmerhaufen ein neunjähriger
Junge. Ein alter Mann, der gewiß seine eigenen, drücken-
den Sorgen hat, nimmt sich des Jungen an. Vom Vater ist
in der Erzählung nicht die Rede; die Generation der Väter
war im Krieg, ihre Rolle im Leben der Kinder übernahmen
die Mütter und die "Alten."

Der Junge hat Angst und ist voller Mißtrauen. Das haben
ihn seine Erfahrungen gelehrt. Und dennoch bringt er den
Mut auf, nur mit einem Stock bewehrt, den Ratten
aufzulauern und allein in der dunklen Nacht auszuharren.
Bei allem erzählerischen Lakonismus fängt Borchert mei-
sterhaft Stimmungen und Stimmungslagen ein: "Das hohle
Fenster in der vereinsamten Mauer gähnte blaurot voll
früher Abendsonne. Staubgewölke flimmerte zwischen
den steilgereckten Schornsteinresten. Die Schuttwüste
döste." Mit dieser Einleitung ist der Leser im Handumdrehen
in die Trostlosigkeit der Nachkriegs-Trümmerwüste ein-
gestimmt. Lediglich einen Anflug von Hoffnung, einen
Hoffnungsschimmer, vermitteln die Stimmungselemente:
"Abendsonne" und "flimmerte".

Am Beginn der Erzählung wird die Hauptperson nur mit
dem unpersönlichen "er" benannt; erst im weiteren Verlauf
erfahren wir den Namen des Kindes. Die Not der Kinder in
Krieg und Nachkrieg ist ein überpersönliches Schicksal,
das mehr oder weniger alle traf.

Das "Die Schuttwüste döste" geht fast unmittelbar, nur
durch den Absatz getrennt, in "Er hatte die Augen zu" über.
Damit stellt Borchert einen Zusammenhang zwischen dem
Menschen und seiner Umgebung her: beide, die Stadt und
der Mensch wurden durch den Krieg tief getroffen und
befinden sich im Zustand einer lähmenden Ermattung.

Der alte Mann spricht zu dem in der Hockstellung ver-
harrenden Jungen "von oben auf das Haargestrüpp herun-
ter", während dieser nur die krummen, ärmlich behosten
Beine wahrnimmt. Mit diesen Details sind die Personen
charakterisiert: Der Junge, ungepflegt, fast verwildert,
wächst unbehütet, ohne den Schutz der Familie auf, und
der alte Mann leidet unter Armut und körperlicher Schwä-
che. Er erinnert an den alten Mann aus Borcherts
Heimkehrerdrama, der beinahe aussieht wie der liebe Gott.
Diese Assoziation wird verstärkt durch die Position des von
oben, wie "Gottvater" aus der Höhe, zu dem armen
Erdenwurm Sprechenden.

Doch während der "Märchenbuchliebergott" seine "armen,
Kinder" nur bejammert, ihnen aber in ihrer Not nicht beizu-
stehen vermag, überwindet der irdische alte Mann die
trotzige Ablehnung des Jungen und befreit ihn von seinen
aus Angst und Mißtrauen resultierenden Verklemmungen.
Er bringt den Jungen zum Reden, indem er ein in jedem
Kinde angelegtes natürliches Gefühl anspricht: Die Tierliebe.
Sie ist ausschlaggebend, daß der Junge sein ängstlich
gehütetes Geheimnis preisgibt: Er hat sich zur Pflicht
gemacht, seinen unter den Trümmern vergrabenen kleinen
Bruder vor den gefräßigen Ratten zu schützen.

Gefragt, wer gesagt hätte, daß die Ratten von den Toten
essen, antwortet Jürgen: "Unser Lehrer". Borchert, Sohn
eines Lehrers, war nicht frei von persönlichen Animositäten
gegen die Lehrerschaft. Davon zeugt auch die Tirade in der
5. Szene von "Draußen vor der Tür", in der unter anderen
die Lehrer attackiert werden, weil sie nach Langemarck
kriegsbegeistert blieben und die nächste Generation mit
einem "Macht's gut" in den nächsten Krieg schickten.

Der alte Mann nimmt zu einer Notlüge Zuflucht und rügt den
Lehrer, weil er offensichtlich nicht wisse, daß die Ratten
nachts schlafen. - Unfaßlich bleiben die Dummheit und die
Roheit, mit der diese Schauergeschichte den von grauenhaften Erlebnissen psychisch belasteten Kindern serviert
wurde.

Die Notlüge erfüllte ihre therapeutische Funktion. Jürgen findet zurück zum Spiel; er gräbt mit seinem Stock kleine Kuhlen in den Schutt und stellt sich vor, dies seien kleine Betten für lauter kleine Kaninchen.

Der alte Mann versprach vor dem Weggehen, Jürgen vor dem Dunkelwerden abzuholen und vielleicht ein kleines Kaninchen mitzubringen. Diese Aussicht aktiviert den Jungen, er hat volles Vertrauen zu dem alten Mann gefaßt und vertraut seinen Worten: Er steht auf und bittet bescheiden um ein weißes. Und als der Alte hinzufügt, er wolle mit Jürgen nach Hause gehen und dem Vater sagen, wie ein Kaninchenstall gebaut wird, hat er dem Jungen alle Zweifel und Ängste genommen. "Ja", rief er, "ich warte. Ich muß ja noch aufpassen, bis es dunkel wird ... Wir haben auch noch Bretter zu Hause, Kistenbretter".

Als Zeichen neuer Hoffnung nimmt der Junge die Abendsonne wahr und das Grün des Kaninchenfutters, freilich etwas grau vom Schutt.

Bibliographie

Wolfgang Borchert Das Gesamtwerk, Mit einem biographischen Nachwort von Bernhard Meyer-Marwitz, Rowohlt Taschenbuch Verlag, Reinbek bei Hamburg, Nr. 12883, 1991.

Saalfeldt-Kreidt-Rothe Geschichte der deutschen Literatur, Droemer Knaur 1989

Rudolf Wolff (Hrsg.) Wolfgang Borchert, Wort und Wirkung, Sammlung Profile, Bd. 9, Bouvier Bonn 1984 Heinrich Böll, Hierzulande, Sonderreihe dtv.

Alexander und Margarete Mitscherlich Die Unfähigkeit zu trauern, In: Grundlagen kollektiven Verhaltens, München 1967, S. 19

Peter Rühmkorf Wolfgang Borchert, rowohlts monographien, Bd 58, Rowohlt Taschenbuch Verlag, Reinbek bei Hamburg, S. 34

Brinkmann-Hippe-Poppe Wolfgang Borchert, Draußen vor der Tür, Königs Erläuterungen Bd. 299/299a, Bange Hollfeld 1987

Ehre, Ida Gott hat einen größeren Kopf mein Kind..., Rowohlt

	Taschenbuch Verlag, Reinbek bei Hamburg, B. 12160, 1988.
H.E.Holthusen	Ja und Nein, München 1954, S. 243.
Schröder, Claus B.	Draußen vor der Tür, Eine Borchert-Biographie, Henschelverlag Berlin 1988.
Wolf Lersch, Philipp	Der Aufbau des Charakters, J.A.Barth Leipzig 1948.
Ernst Schumacher	Berliner Kritiken, Bd. IV, Henschelverlag Berlin 1986.
Marianne Schmidt	Wolfgang Borchert, Analysen und Aspekte, Mitteldeutscher Verlag Halle 1970.
Werner Zimmermann	Deutsche Prosadichtungen der Gegenwart als Gestaltganzes, dargestellt an einer Kurzgeschichte von Wolfgang Borchert, In: Wirkendes Wort 5, S. 97 - 105.
Konrad Freydank	Das Prosawerk Borcherts. Zur Problematik der Kurzgeschichte in Deutschland [Diss.] Marburg 1964.